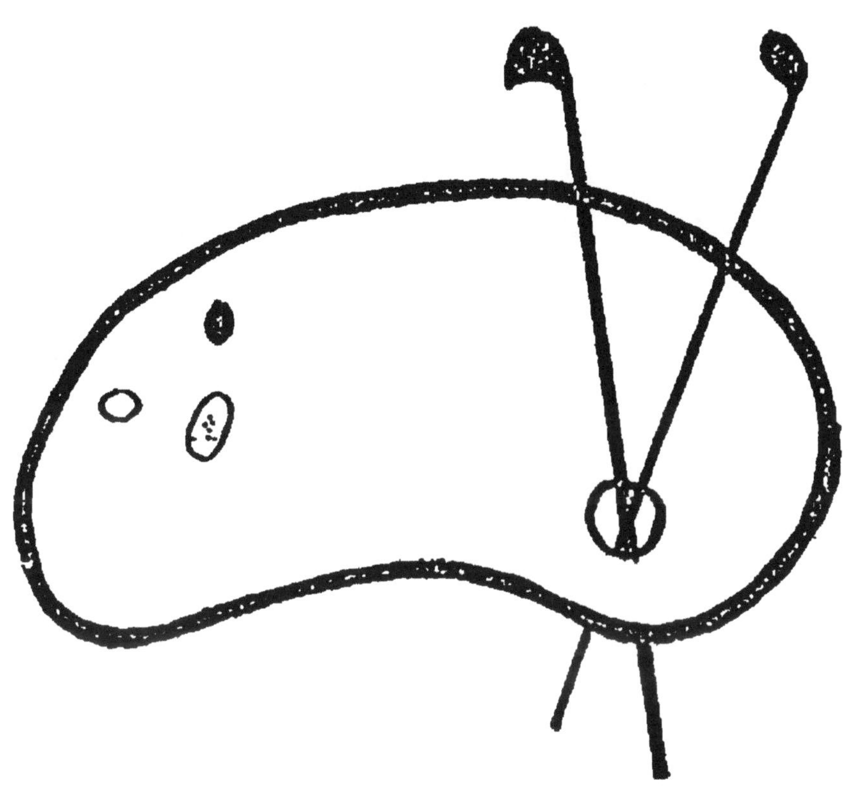

COUVERTURE SUPERIEURE ET INFERIEURE
EN COULEUR

GUIDE

DE

PÉDAGOGIE PRATIQUE

PAR

J.-B. HEINRICH

Ancien Instituteur, ancien Directeur d'École normale, ancien Inspecteur primaire

Officier d'Académie

« La m[illegible]e et les instituteurs sèment tout le
« bien et le mal qui se développent dans
« le monde. C'est donc par les familles et
« l[illegible] écoles qu'il faut commencer la
[illegible]me de l'éducation. »

Dr Rush

PARIS

LIBRAIRIE BLOUD ET BARRAL

4, rue Madame, 4

GUIDE

DE

PÉDAGOGIE PRATIQUE

GUIDE

DE

PÉDAGOGIE PRATIQUE

PAR

J.-B. HEINRICH

Ancien Instituteur, ancien Directeur d'École normale, ancien Inspecteur primaire

OFFICIER D'ACADÉMIE

« La mère et les instituteurs sèment tout le
« bien et le mal qui se développent dans
« le monde C'est donc par les familles et
« les écoles qu'il faut commencer la
« réforme de l'éducation »

Dr RUSH

PARIS

LIBRAIRIE BLOUD ET BARRAL

4, rue Madame, 4

PRÉFACE

Ce livre est le résumé des résultats de ma vieille expérience de quarante années dans l'instruction primaire. C'est aussi le fruit de mes lectures, de mes observations et de l'examen des nombreux ouvrages de Pédagogie que j'ai recherchés et étudiés. C'est donc avec confiance que je le présente aux instituteurs, aux institutrices, et aux pères et mères de famille. Tous y trouveront les méthodes et les procédés qui les conduiront sûrement et facilement à des succès sérieux dans la sphère où ils sont appelés à exercer aujourd'hui leur ministère.

Je me suis efforcé de montrer comment à tous les degrés de l'enseignement, chaque branche peut s'appuyer sur la méthode intuitive, sur l'intelligence et la raison de l'enfant, ainsi que sur la religion.

Que ce livre soit utile, qu'il soit peut-être nécessaire, j'en ai la pensée intime, et c'est dans cette conviction que je me suis livré avec zèle, avec dévouement à la tâche que je m'étais imposée et qui m'était d'ailleurs prescrite ; car faire une chose que l'on croit utile est un devoir de conscience, c'est une dette que l'on acquitte au profit de la société.

HEINRICH.

GUIDE

DE

PÉDAGOGIE PRATIQUE

Importance de l'Éducation du premier âge.

L'intérêt que l'on prend de toutes parts aux questions d'instruction publique, a sa cause dans les progrès incontestables qui se sont accomplis depuis quelques années parmi nous et dont les plus importants se rattachent à la première éducation de l'enfant; de là : création de salles d'asile dans les grands centres, de garderies dans les petites localités et d'écoles de filles dans les communes populeuses. Les hommes les plus compétents dans les questions de l'enseignement ont contribué par leurs écrits et beaucoup par leurs actes, à faire comprendre aux législateurs, aux autorités et aux parents l'importance de la première éducation.

Les penseurs les plus éminents de tous les temps étaient unanimement d'accord que les premières années de l'enfance étaient les plus fécondes pour le développement tout entier de l'homme; que les premières impressions se gravaient en traits ineffaçables dans l'âme et le caractère de l'enfant, semblables à la feuille qu'on écorche avec la plus fine aiguille dans ses filaments les plus tendres, et qui porte cette lésion comme un nœud qui va en augmentant jusqu'à la mort.

Le corps et l'esprit de l'homme se développent dans les cinq premières années de son existence dans une mesure infiniment plus grande que dans le même espace de temps pris dans les autres périodes de l'existence. Durant la première année, l'enfant acquiert le triple de son poids total, ce qui n'a plus lieu plus tard dans les mêmes proportions. La nature agit de même sur le développement des sens par le grand nombre d'impressions dont elle laisse pénétrer le nouveau-né. Elle habitue l'œil de l'enfant à la sensation de la lumière et de la couleur, l'oreille au son, les mains au toucher, et forme ainsi, au moyen des sens, le trait d'union pour la conception du monde et des hommes. La nature emploie ainsi pour le premier âge de la vie la plus grande quantité de moyens d'éducation pour éveiller les germes endormis.

Qu'on le sache donc bien, l'éducation ne commence pas avec l'entrée dans l'école; elle prévient même l'âge de raison, elle commence avec la vie. Quand l'âme de l'enfant se distingue à peine des organes qui l'enveloppent, elle a déjà des instincts de vertus qu'il faut diriger, des germes de vices qu'il faut combattre : et lors même qu'elle serait totalement fermée aux impressions morales, il faudrait encore apprécier et guider le développement de ces mêmes organes, qui ont sur elle une influence d'autant plus énergique qu'ils la dominent aveuglément. Tous les moralistes, tous les éducateurs se sont fortement préoccupés des rapports mystérieux de la vie organique et de la vie morale ; tous ont constaté l'influence réciproque de ces deux vies l'une sur l'autre, spécialement chez les enfants dont la nature est si mobile, si impressionnable. Rien donc de ce qui peut modifier la constatation physique n'est complètement étranger à la formation de l'intelligence et du cœur. Malheur aux parents qui laisseraient croître leur jeune enfant sans surveiller, avec une inquiète vigilance, les développements de son corps et les premiers bégaiements de son âme !

Oh ! si vous demandiez à la mère de famille ce qu'elle a éprouvé à l'âge où son enfant lui a fait raisonner ses sensations maternelles, elle vous répondrait : « A huit mois, j'ai compris que mon enfant se sentait vivre ; il m'appelait *maman*. Il était aussi heureux que moi, car il jouissait, il riait comme moi, et la preuve, c'est qu'il donnait à mon visage la joie de son visage : et quand j'essayais de l'effrayer, mon visage que je m'efforçais de rendre sévère assombrissait le sien » C'est que l'intelligence d'un enfant, toute muette qu'elle est réellement, sympathise avec notre intelligence. Peu de cœurs, trop peu de cœurs, même de mères, ont le secret de ces mille impressions que comprennent et que ressentent les impressions d'enfant.

N'oubliez pas que rien n'échappe à l'enfance. Chez elle. l'intelligence précède la parole. Dans ses yeux déjà, dans les mouvements de sa physionomie, on lit ce que la langue encore nouée ne peut exprimer. L'instinct de sa conservation. de son bien-être, est la première sensation de tout être animé. L'enfant ne comprend pas d'abord ce qui est bien, utile; mais il sourit à ce qui lui est agréable. Rendez-lui donc la vertu agréable, l'instruction agréable, la religion même agréable.

Sa petite raison commence-t-elle à s'éveiller, hâtez-vous de diriger ses premiers instincts et de répondre à ses premiers besoins. Que la douce image de Dieu. auteur de la nature et Père universel, soit la première que vous fassiez rayonner en sa jeune âme. L'enfant ouvre ses yeux avec bonheur aux beautés de la nature; il sourit aux étoiles, aux fleurs, à la verdure, aux oiseaux, à tout ce qui brille, à tout ce qui a vie, éclat, saveur ou parfum. Eh bien! faites-lui voir Dieu en tous ces beaux reflets de sa puissance et de son amour; montrez-lui Dieu dans sa création, mais avec simplicité, avec abandon, sans effort et sans morale officielle. Parlez-lui de Dieu comme en parlait notre Sauveur quand il faisait aimer aux pauvres et aux simples le Père céleste qui nourrit les petits oiseaux et vêtit le lis des campagnes.

Un empereur chinois des temps les plus reculés exhorte les parents à être attentifs au cri le plus faible de l'enfant, au ton de sa voix, à observer ses mouvements, ses traits, afin qu'ils puissent aller au-devant de ses besoins. Quintilien disait : « Qu'on choisisse les nourrices les plus sages, les plus vertueuses; c'est à leurs mœurs qu'on doit regarder principalement. Mais il faut aussi qu'elles parlent bien : c'est la nourrice qui se fait entendre d'abord à un enfant, ce sont ses paroles qu'il tâchera de rendre et d'exprimer par l'imitation. Or, ce que l'on apprend à cet âge s'imprime profondément dans l'esprit et y demeure. »

La preuve que les Grecs, déjà du temps des héros, attachaient en général une haute importance à la première éducation, c'est qu'ils laissent les dieux mêmes recevoir une éducation. Dans les instructions de leurs législateurs et de leurs sages, on trouve une austérité élevée et morale pour le traitement des enfants dès leur jeune âge telle que nous la rencontrons rarement de notre temps. Dans la législation de Lycurgue, il était exigé que le berceau fût un bouclier, que le premier regard de l'enfant dût tomber sur la lance et que le nourrisson fût habitué à supporter indifféremment le changement de la lumière et de l'obscurité. Originairement la mère spartiate nourrissait elle-même son enfant; depuis les guerres persanes, on trouve dans les principales maisons des bonnes et des gardiennes dont l'attention ne s'exerçait pas seulement sur le corps mais aussi sur le caractère des enfants qui leur étaient confiés, et elles se distinguaient par leurs soins et leur aptitude. Elles furent, par conséquent, très appréciées, très recherchées à l'étranger, et employées dans les maisons des riches, surtout à Athènes. Quand le temps de la nourrice, qui durait un an ou un an et demi, était terminé, on la remplaça à Athènes par la véritable gouvernante et institutrice de l'enfant. Pour l'amuser, on lui chanta des berceuses, des balanceuses que Théocrite nous a conservées. Pour le tenir tranquille, on lui donnait le hochet ou la balle inventée par Archytos le Pythagoricien, ou on lui racontait des fables ou des histoires des cyclopes, etc. Dès que l'enfant était devenu plus grand, ses jeux devinrent plus sérieux. A la place du hochet on introduisit les dés, le cerceau, la toupie, le colin-maillard, etc., etc. Solon porta la peine de mort contre celui qui oserait pénétrer sans permission dans le lieu sacré où les enfants se réunissaient pour leurs jeux. Platon parle aussi de l'éducation intellectuelle des petits enfants dans ses écrits. Selon lui, l'éducation est essentiellement fondée sur l'habitude; toute habitude doit commencer de bonne heure, c'est pourquoi les premières années sont les plus importantes pour l'éducation. Aristote exige que les autorités chargées de surveiller l'éducation, portent leur attention surtout sur la manière dont les enfants emploient leur temps jusqu'à l'âge de sept ans. Il veut que l'on donne un soin tout particulier aux narrations qu'on fait entendre à cet âge. Il faut que les paroles immorales soient bannies du milieu des enfants, de même aussi qu'ils doivent se trouver le moins possible en contact avec les esclaves, afin que, aussi longtemps qu'ils sont petits, ils ne voient et n'entendent rien qui serait inconvenant pour un homme libre.

L'éducation des anciens Perses était une éducation nationale qui s'étendait jusqu'à l'âge de vingt-quatre ans, mais ne commençait à être publique qu'à sept ans. Jusqu'à cette époque, l'enfant était confié à sa mère pour laquelle existaient aussi certaines lois sur l'éducation. Les parents étaient responsables de tout le mal que faisait l'enfant. On cherchait à éveiller en lui le solide attachement à la mère et le sentiment de la pudeur.

Cicéron disait « L'éducation doit commencer avec la première enfance ; ce qu'il y a de plus important, c'est l'entourage de l'enfant, parce qu'il n'y a pas en lui une vie et une conception qui réfléchissent ; c'est pourquoi il imite et accepte tout ce qu'il voit et dont il est entouré. » Quintilien exige que l'éducation intellectuelle ne commence pas seulement à l'âge de sept ans, mais qu'elle se développe et progresse dès l'âge le plus tendre. Plutarque écrit : « Dans l'éducation comme dans les arts, les sciences, la vertu, tout dépend de trois choses : la nature. l'instruction, l'habitude ou l'exercice. Sans instruction la nature est aveugle, l'instruction sans la nature est défectueuse, l'exercice sans les deux est imparfait. Comme pour l'agriculture, il faut un bon terrain, un bon cultivateur et de la bonne semence, il en est de même de l'éducation. De bonnes dispositions (terrain) doivent trouver un bon instituteur (cultivateur), et de bonnes leçons (semence) »

On a répété bien souvent que l'âme de l'enfant ressemble à la cire molle, à laquelle on peut, comme avec un cachet, imprimer facilement les leçons de sagesse et de vertu, tandis qu'elle se laissera difficilement ramollir quand elle se sera plus tard endurcie, et résistera dans la même mesure à toutes les impressions.

Montaigne a dit qu'il avait plus appris de sa nourrice que de tous ses maîtres.

C'est au berceau du petit enfant, dit Pestalozzi. qu'il faut commencer la direction de notre espèce « Les sentiments qui durent toujours sont ceux qui naissent autour de notre berceau, et la voix des vieillards nous répète assez que nos premières émotions sont aussi nos derniers souvenirs, a dit J.-J. Rousseau.» « Qu'est-ce qu'élever un enfant, dit Théry, sinon l'observer et le suivre depuis les premières et incertaines lueurs de l'instinct, jusqu'au développement de la raison perfectionnée ; sinon le deviner, le préserver, le former dès le berceau, tout aussi bien qu'instruire son enfance et sa jeunesse ? La raison en est palpable. Le premier âge possède en germe les facultés et les penchants des âges qui doivent le suivre. L'homme fait est contenu d'avance dans le petit enfant qui sourit ou qui pleure. La nature humaine n'interrompt pas sa marche, et l'indifférence qui négligerait les premières années, compromettrait l'éducation tout entière. »

« Il semble qu'on cherche à fermer les yeux sur l'importance des premières années ; on parle de ce temps avec dédain. De ce qu'un petit enfant ne comprend pas nos grands discours, de ce qu'il n'est pas susceptible d'une instruction régulière, on conclut que c'est un être sans conséquence qu'on ne peut soigner que physiquement Comme sa vie se passe en jeux, on le considère comme un jouet lui-même. Et cependant à cinq ans, les goûts, le caractère, sont presque formés, du moins il y a déjà une empreinte bien difficile à effacer. L'enfant est-il malin, entêté, colère, il restera tel jusqu'à l'époque d'un nouveau développement qui ne peut s'opérer encore. Si certains penchants ne se sont pas déjà déclarés chez lui, si les fleurs, les oiseaux, les objets champêtres ne disent rien à son imagination, il ne sera pas aisé de lui faire aimer la nature, et le goût des beaux-arts, qui en sont l'image, pourra bien lui rester étranger. si un certain respect pour les idées d'ordre et de devoir ne se manifeste pas dans son âme, je ne prétends assurément point que tout soit perdu, mais je dis que l'enfant était bien malheureusement doué ou que les parents ont déjà de sérieux reproches à se faire » (Mme Necker de Saussure.)

« Il y a une véritable éducation à faire pour un enfant depuis sa naissance jusqu'à l'âge de cinq ans, et cette première éducation manquée, il devient très difficile de lui en donner une bonne dans la suite. Si quelque chose prouve que l'éducation doit commencer au berceau, ne sont-ce pas les rapports que la nature elle-même a établis entre la mère et l'enfant ? Qui n'a admiré le merveilleux instinct dont elle est douée pour deviner ce qui se passe dans cette jeune âme, et pour lui communiquer les impressions de la sienne? Comme elle se fait bien comprendre à cette innocente créature ! Comme elle sait trouver mille moyens divers pour déjouer ses petits caprices, pour la tromper innocemment, pour faire diversion à ses souffrances, pour la rassurer contre une vaine terreur, pour lui inspirer le regret et faire couler des larmes de repentir, pour la consoler et faire renaître la joie et la sérénité dans son cœur, pour provoquer le sérieux ou le sourire sur ses lèvres, enfin pour entendre et pour parler son langage enfantin ! Comment ne pas voir dans ces ingénieuses ressources autant de moyens que Dieu a donnés à une mère pour commencer l'éducation de son enfant, dès le berceau ! » (Balme-Frézol.)

Nous pourrions multiplier les citations qui montreraient toute l'importance que les sages de tous les temps attachaient à la première éducation. Nous pourrions citer les plus consciencieux écrivains en matière d'éducation qui ont porté leur attention sur les quatre ou cinq années qui suivent la naissance Locke, Rousseau, Fénelon, l'abbé Fleury, Théry, Mmes Campan, Bernier, Guizot, de Rémusat, miss Hamilton et Necker de Saussure, ont traité cette question avec un vif intérêt. Ils ont senti que déjà bien des principes se fortifient, bien des résultats s'acquièrent au milieu des soins obscurs que réclame cette partie de la vie. Les impressions de l'enfance ne s'effacent jamais. « Le jeune homme suit sa première voie, disent les Livres saints ; il ne la quitte pas, même dans la vieillesse » Près d'arriver au terme de la vie, nous nous rappelons encore les contes d'une nourrice, et dans les rêves de notre imagination, dans le tour de notre esprit, on en retrouverait plus d'une trace. Le mal que notre mère nous apprit à détester est celui qui nous inspire toujours le plus d'éloignement, et les grandes choses exaltées dans nos premières lectures sont encore aujourd'hui celles qui font battre le plus vivement notre cœur. Dans l'adolescence, dans l'âge mûr, nos penchants sont les mêmes qu'au premier âge : seulement, nos défauts, sans changer de nature, deviennent des vices, ou nos qualités des vertus. La première éducation peut seule, à de rares exceptions près, corriger le naturel, le modifier profondément. « Ce qu'on appelle l'homme, c'est-à-dire l'homme moral, est peut-être formé à dix ans. S'il ne l'a pas été sur les genoux de sa mère, ce sera toujours un grand malheur : rien ne peut remplacer cette éducation, et quand la mère s'est fait un devoir d'imprimer profondément sur le front de son fils le caractère divin, on est à peu près sûr que la main du vice ne l'effacera jamais. » (De Maistre.)

A quelles mains doit-on confier la première éducation de l'enfant ?

Comme nous venons de le dire, dans tous les temps on a regardé la période la plus précoce de l'enfance comme la plus importante pour l'éducation : donc poser cette question, c'est la résoudre, car on a toujours considéré que les premières années de l'enfant doivent se passer entre les mains de la mère et tout empiètement sur ce terrain, de quelque côté qu'il vînt, doit être envisagé comme un trouble dans les rapports réglés par la nature même. Déjà dans les États de l'antiquité où, comme en Perse et à Sparte, l'éducation tout en étant la chose publique, l'enfant fut néanmoins pendant les premières années abandonné à la mère. Dans les relations naturelles entre la mère et l'enfant, on reconnut en tout temps la condition fondamentale à laquelle se rattache l'éducation : l'amour.

Où trouver un cœur qui puisse être comparé à celui d'une mère? Il n'y a qu'une mère à laquelle rien n'est trop petit, trop grand, trop léger, trop lourd de tout ce qui concerne l'enfant; la mère seule est douée de cette vue qui a la puissance de pénétrer dans les profondeurs de l'âme de l'enfant, elle seule a ce sentiment qui peut saisir les premiers mouvements des germes de l'âme. Aussi adresse-t-elle chaque jour à Dieu cette prière : Seigneur, enseignez-moi à remplir fidèlement votre rôle auprès de mon enfant. « Dieu a placé l'enfant, dit M. Naville dans son livre de l'éducation publique, à sa naissance, dans une famille comme dans une école de la vie sociale : il a voulu que, sous l'influence et la tutelle de la bienveillance, il y fît la première expérience de douces affections et l'apprentissage de tous les devoirs et de toutes les vertus. Rien ne peut être substitué à une telle école : les plaisirs qu'il y goûte, les peines qu'il y ressent, les soins qu'il est appelé à y recevoir et à y donner : toutes ces choses ne peuvent être remplacées pour son esprit et pour son cœur. C'est à sa mère surtout qu'il appartient d'être son premier instituteur. » Quelle autre trouverait mieux qu'elle le chemin de ce jeune cœur, formé de son propre cœur, et travaillerait avec une patience plus grande, une indulgence plus complète, une bonté plus touchante, et par conséquent un succès plus certain, à le former au bien? Si le droit et le devoir de nourrir de son lait cet enfant, né d'elle, lui appartient, pourquoi n'aurait-elle pas aussi celui de donner à son intelligence le premier aliment? Pourquoi négligerait-elle de réchauffer cette âme au souffle de ses douces paroles, comme elle réchauffe ce corps frêle en le pressant sur son sein ou en le couvrant de ses baisers? Pourquoi prendrait-elle moins de soin de graver dans son esprit les principes de la justice éternelle qu'elle n'en prend de redresser ou de maintenir ses membres délicats? N'est-ce donc pas surtout par l'esprit et par le cœur que nous vivons, et quelle mère refuserait de donner à son enfant cette vie bien supérieure à celle qu'il lui doit déjà? « Ayant la sympathie pour interprète, la mère entre en communion avec son enfant; elle devient la plus zélée des institutrices, et lui, le plus apte des élèves: elle lui donne ses premières idées et fait naître ses premiers sentiments; elle commence en effet son éducation du moment où il voit la lumière. La bienveillance ou la sévérité de ses regards, la douceur ou la dureté de sa voix, agissent sur son âme et éveillent à chaque instant des mouvements d'amour ou de colère, de joie ou de tristesse qui, sans cesse répétés, forment le caractère habituel de l'homme à venir. Dans le sourire de la mère, l'enfant entrevoit les premières lueurs du ciel, et sa tendresse lui donne la première idée d'une providence pleine d'amour. » (Marcel.)

Que la mère commence donc de bonne heure, et presque avec la vie, cette instruction de l'âme ; c'est en développant sans cesse, le germe qui y est renfermé, que l'enfant, grandissant sous ces révélations divines, croira, tant elles s'identifieront avec lui, les avoir apportées en naissant. Sa mère lui apprendra, lorsqu'il bégaye encore, le nom de son Créateur, de son Sauveur : que ce soit le dernier mot qu'il entende lorsqu'il s'endort, et le premier qui le frappe au réveil ; qu'il vive et grandisse sous la pensée de cette puissance qui plane sur tout l'univers et l'enveloppe ; qu'il la sente en lui, qu'il la voie en tout et partout ; qu'elle le pénètre et le guide depuis son enfance jusqu'au déclin de ses jours.

C'est quand elles sont révélées à l'enfant tandis qu'il est encore sur les genoux de sa mère, que ces premières notions d'un Dieu juste et bon deviennent ineffaçables. Transmises dans un langage simple et naïf, elles seront toujours pures et assez vraies dès le début pour que si la raison plus tard vient à les compléter, elle n'ait jamais à en rien retrancher. Puisse l'homme retrouver toujours dans le Dieu qu'il adore, le Dieu que sa mère adorait ! Rien ne peut remplacer ce premier enseignement. Qui mieux, ou même aussi bien que cette mère qui croit, aime et prie, dirait à ce petit enfant qu'il faut croire, aimer et prier ? C'est sur les genoux de sa mère que l'enfant trouvera les bases d'une croyance aussi impérissable que le Dieu qui l'inspire, c'est là qu'il puisera cette pensée salutaire que Dieu est partout et toujours avec nous, et que dès lors aucune de nos pensées, comme aucune de nos actions ne peut lui être cachée. Pour l'en convaincre, la mère attentive doit montrer par ses paroles et plus encore par ses actions qu'elle ne l'oublie jamais. Car l'exemple, voilà le grand enseignement de l'enfance; c'est bien plus par ce qu'elle voit que par ce qu'on lui apprend que la conviction entre dans son esprit. Rappelez-vous que la pensée du Créateur sanctifie le foyer domestique et en fait le centre béni de toutes les affections douces et honnêtes.

La Bible renferme déjà dans beaucoup d'endroits des exhortations sévères sur une discipline consciencieuse et sur une instruction exacte de la jeunesse. Les enfants étaient regardés chez les Juifs comme un présent de Dieu et une postérité pieuse comme une bénédiction du Ciel. C'est en cela que les parents trouvaient l'obligation sacrée d'élever l'enfant en vue de Dieu et de lui inculquer déjà de bonne heure la crainte de Dieu, l'amour et le respect des parents et les égards pour la vieillesse. Les Proverbes esquissent la femme forte qui trouve la joie suprême dans les soins actifs pour son époux et pour ses enfants et une pareille femme était assurée de son influence réelle sur le bien de ses enfants. Comme chez les Juifs, la vie de famille était sacrée et sainte parmi les premiers chrétiens. Comme dans l'Ancien Testament les rapports d'Israël avec Dieu étaient considérés comme ceux de l'enfant au père ; de même dans le Nouveau Testament les rapports des parents avec les enfants doivent être l'image des rapports de Dieu avec les hommes. C'est pourquoi l'amour doit être le lien qui les unit. Dans ces familles, les enfants étaient habitués à la simplicité, à la bienveillance, à l'abnégation et à la soumission de Dieu, à l'amour du prochain de même qu'à un amour pur et fort de la famille et de la patrie.

Caménius, une des figures les plus sublimes dans l'histoire de la pédagogie, pose comme but de l'éducation : « Culture intellectuelle, vertu et piété, et pour atteindre ce but, il voudrait voir s'établir un système régulier d'établissements d'éducation dont le premier serait l'école maternelle Dans cette dernière, parmi laquelle il comprend la première éducation domestique sous la direction de la mère, l'enfant devra y passer les premières années jusqu'à l'âge de six ans, et elle aurait surtout à prendre soin de former une âme saine dans un corps sain. Par conséquent il faut que la mère nourrisse elle-même son enfant et le soigne avec la plus grande fidélité et plus tard lui procure une nourriture simple, éloignée de tout excitant, l'occasion et le loisir de jeux amusants, un exercice d'intuition varié joint à des leçons simples et lui inculque en même temps la vertu et la piété. » Il démontre d'une manière ingénieuse comment l'enfant peut et doit acquérir, déjà dans les six premières années, dans la maison paternelle, les éléments de toutes les connaissances ultérieures. Son regard s'étend successivement du berceau à la chambre d'habitation, aux autres parties de la maison, aux rues, au jardin, aux champs, au soleil, à la lune et aux étoiles ; il apprend à connaître et à nommer ses membres avec leurs usages, les animaux, les plantes et les pierres ; à distinguer la lumière de l'obscurité ; le jour de la nuit, les couleurs et les formes, les nombres et les sons ; il s'approprie la contemplation des périodes plus longues et plus courtes, le changement dans la vie de la nature ; les dispositions, les manières de s'occuper et les expériences du genre humain ; il entend chanter, parler, voit les gestes de ceux qui l'entourent et y trouve une manière de les exprimer qui lui est propre

« Mais de tous les moyens d'agir sur l'esprit de la jeunesse, le plus certain et le plus efficace est de lui inspirer de bonne heure un profond amour pour Dieu, et une conviction intime de la surveillance qu'il ne cesse d'exercer sur ses créatures Les parents animés eux-mêmes de ces sentiments, pourront aisément et sans recourir à des préceptes, les faire partager à leurs enfants. Ce sont là réellement leurs premiers besoins ; leur intérêt, comme celui de la société en général, y est engagé bien plus qu'à leur développement intellectuel On ne saurait trop le redire : le savoir sans religion et sans moralité, n'est que le pouvoir de faire le mal »

Locke, en présence de l'état inculte des écoles de son temps, prend, dans ses études sur l'éducation des enfants, le parti en faveur de l'éducation domestique. « On sacrifie trop, dit-il, les bonnes mœurs aux connaissances. Tous ceux qui ont lu Pestalozzi savent le prix important qu'il attache à l'éducation domestique et qu'il n'attend le salut de l'humanité que de la famille ou pour mieux dire de la mère. Son jugement est exprimé dans ses idées fondamentales. Je veux placer l'éducation du peuple dans les mains de la mère. Si la maison n'est pas un temple sacré de Dieu, si la mère ne vivifie pas naturellement le cœur et l'esprit de l'enfant, toute réforme ultérieure de l'état social est impossible »

Oui, c'est à la mère qu'appartient le grand souci d'*élever* son enfant. A elle est échue la mission d'éveiller cette jeune âme aux visions de la foi, et de lui apprendre à mêler à son nom si doux les noms bénis du Sauveur et de sa sainte Mère. A elle de l'assouplir de bonne heure aux joyeux efforts de la vertu, d'ombrager cette jeune fleur du regard vigilant de sa tendresse, et de la garantir contre tous les souffles qui pourraient la flétrir A elle de réagir, pour la gloire de la patrie et de l'humanité, contre l'affaissement universel des principes et des mœurs, en faisant à cet enfant *un grand caractère*.

La nature elle-même veut que les premières années de l'enfant se passent sous l'œil et la main de sa mère.

La véritable nourrice c'est la mère ; le véritable asile, c'est le logis. « Aux mères, dit miss Hamilton, aux mères est confié le soin des êtres raisonnables à l'époque la plus importante de leur existence. Les sources de la vie morale sont entre leurs mains. C'est d'elles que les affections et les passions naissantes doivent recevoir leur impulsion première ; c'est d'elles que le germe de l'intelligence doit apprendre à se développer ; ce sont elles enfin qui doivent asseoir solidement tout ce qui est grand, bon, admirable dans le cœur humain. Tels sont les merveilleux privilèges dont notre sexe est honoré. Voilà les devoirs que nous sommes appelés à remplir. » « Une mère, dit M. A. Théry, est tellement nécessaire à son enfant dans les années qui suivent la naissance, que chacune devrait trouver en elle et puiser dans son propre fond toutes les ressources qu'exige cette éducation préparatoire. La Providence a voulu qu'il en fût ainsi ; elle a placé un instinct rapide dans le cœur de la mère, comme un lait nourricier dans son sein. »

Rousseau a dit aussi avec raison que la mère d'un enfant doit être son premier instituteur. « Dès qu'une femme est mère, elle ne s'appartient plus.

La nature et la société ne lui demandent que de se montrer mère. Les devoirs du père envers ses enfants ne commencent qu'avec les lueurs de la raison ; le devoir des mères ne s'arrête jamais : il est de toute la vie, de tous les instants ; ce sont bien des peines, bien des chagrins, mais aussi le cœur d'une mère, a-t-on dit, est le chef-d'œuvre de la création. »

« Les mères, dit Rollin, ne peuvent s'excuser sur leurs grandes occupations, elles ont beaucoup de loisir. Le soin de l'éducation des enfants, jusqu'à l'âge de six à sept ans, roule principalement sur elles, et fait partie de ce petit empire domestique que la Providence leur a spécialement assigné. Leur douceur naturelle, leurs manières insinuantes, si elles savent y joindre une autorité douce, mais ferme, les mettent à même d'instruire avec succès leurs enfants. » Pour cela il faut qu'une main douce instruise ses organes et qu'une intelligence les fasse mouvoir. Or, voyez comme tout concourt à cette double éducation : « La main de la mère, dit M. A. Théry, l'intelligence de la mère accueillent l'enfant qui vient de naître, le poussent doucement vers des progrès toujours nouveaux, et le font passer par de bienfaisantes métamorphoses. Plus l'enfant se dégage des premières obscurités qui l'enveloppent, plus il distingue clairement et avec amour ce guide toujours présent, vigilant, infatigable. Ses pas sont mal assurés, ses idées sont faibles et flottantes ; mais quelqu'un est là qui affermit sa marche et qui pense pour lui. Il le sait, ou plutôt il le sent. Tout lui montre sa mère. C'est toujours la voix maternelle qu'il entend, le visage maternel qu'il voit ou qu'il touche. Alors, se trouvant si faible et ignorant de tout, il s'identifie avec sa mère ; il vit en elle, il la copie constamment. Les premières paroles qu'il prononce sont celles qu'elle lui a fait entendre ; gestes, mouvements, habitudes, il prend d'elle tout ce que comporte un âge si tendre. Il n'invente rien, il imite, selon la mesure de sa faiblesse, et son premier modèle, son modèle unique d'abord, c'est la seule personne qui fait tout pour lui. »

Il est donc évident que les premiers soins de l'éducation reviennent de droit à la mère. C'est sur son cœur que le nouveau-né puise sa première nourriture, c'est sur ses genoux qu'il se développe et se fortifie ; c'est elle qui écarte de son berceau tout ce qui pourrait mettre sa vie en danger. Quelle admirable sollicitude pour cet être chéri ! Quelles cruelles angoisses parfois ! Tout en veillant à la conservation de cette aimable créature, tout en s'occupant avec activité de son développement physique, elle n'oublie pas d'imprimer dans cette tendre intelligence les notions du juste et de l'injuste, du bien et du mal. Elle fait passer à son enfant la vertu avec le lait maternel. Epiant jusqu'au germe du mal pour l'arracher aussitôt, elle forme sa conscience et la rend délicate pour le devoir ; elle ouvre son cœur aux plus nobles aspirations et aux sentiments les plus purs. Elle est, en un mot, son ange gardien, qui veille sur son corps et sur son âme, à tous les instants du jour et de la nuit, avec un amour que rien n'égale, avec un dévouement que nous renonçons à décrire !

La bonté de Dieu a d'ailleurs établi entre elle et l'enfant de doux rapports qui les unissent, et des contrastes merveilleux qui font qu'ils se complètent mutuellement. La naïveté, la faiblesse, la grâce les rapprochent, le besoin et le plaisir les rendent nécessaires l'un à l'autre. L'enfant est exigeant, la mère est patiente ; l'enfant ne se lasse jamais de mouvements, de jeux et de questions ; la mère est toujours radieuse de le promener, de l'amuser, de lui parler ; l'enfant doit tout recevoir, la mère veut tout donner. De cet échange harmonieux de besoins et de jouissances, résulte pour la mère une influence intime, profonde ; la mère est donc réellement le principal éducateur de l'enfant.

O mères ! que votre mission est grande et sublime ! Quel magnifique rôle vous a été assigné par le Créateur ! Ah ! puissiez-vous vous en montrer dignes ! Et vous le serez, si vous restez fidèles aux grands principes de la foi chrétienne ; car ce sont eux qui vous ont placés à cette hauteur où nous vous contemplons, ce sont eux qui seront la sauvegarde de votre honneur et de votre vertu, ce sont eux qui assureront le bonheur de vos enfants. Demeurez donc constantes dans ces principes et vous serez le plus ferme rempart de la société contre ses ennemis même les plus acharnés. Oui, je ne crains pas de le dire, vous serez plus fortes que toutes les révolutions.

Que les mères fassent donc de ces soins leur occupation la plus chère ; que pour s'y livrer, elles renoncent, s'il le faut, à tout autre plaisir ; car nul plaisir ne vaudra pour elles celui de travailler à rendre calme et heureux l'avenir de leurs enfants. Et si on peut dire : Heureux les enfants qui n'ont au foyer domestique que de bons exemples, et qui peuvent jouir longtemps de ce grand bienfait, qu'on puisse aussi dire : Plus heureux encore les parents qui, par une vie exemplaire, mettent au cœur de leurs enfants les germes de toutes les vertus, et s'assurent ainsi les droits les plus légitimes à leur affection et à leur gratitude !

Ce qui a fait dire à notre grand poète Lamartine : « Heureux l'enfant que Dieu a fait naître d'une bonne et sainte famille ! c'est la première des bénédictions de la destinée ; et quand je dis une bonne famille, je n'entends pas une famille noble de cette noblesse que les hommes honorent et qu'ils enregistrent sur des parchemins. Il y a une noblesse dans toutes les conditions. J'ai connu des familles de laboureurs où cette pureté de sentiments, où cette chevalerie de probité, où cette fleur de délicatesse, où cette légitimité des traditions qu'on appelle la noblesse, étaient aussi visibles dans les actes, dans les traits, dans le langage, dans les manières qu'elles le furent jamais dans les plus hautes races de la monarchie. Il y a la noblesse de la nature comme celle de la société, et c'est la meilleure. Peu importe à quel étage de la rue ou de quelle grandeur dans les champs soit le foyer domestique, pourvu qu'il soit le refuge de la piété, de l'intégrité et des tendresses de la famille qui s'y perpétue ! La prédestination de l'enfant, c'est la maison où il est né, son âme se compose surtout des impressions qu'il y a reçues. Le regard des yeux de notre mère est une partie de notre âme qui pénètre en nous par nos propres yeux. Quel est celui qui, en revoyant ce regard seulement en songe ou en idée, ne sent pas descendre dans sa pensée quelque chose qui en apaise le trouble et qui en éclaire la sérénité ? »

La famille peut-elle rester le seul lieu de l'éducation?

D'après ce que nous venons de dire, les premières années de l'enfant doivent se passer dans la famille, sous les yeux des parents, de la mère surtout. Ce sont les parents qui doivent donner la première impulsion aux forces morales et intellectuelles de l'enfant; ce sont eux qui doivent jeter les bases du grand édifice de l'éducation. Ce devoir sacré le remplissent-ils partout et toujours? L'expérience est là qui démontre le contraire. Beaucoup de parents abandonnent au hasard la première éducation de leurs enfants; beaucoup même se persuadent qu'il n'y a rien à faire à cet égard, pour des êtres si jeunes. C'est là une erreur funeste. Si les parents ne dirigent pas convenablement les premières inclinations de l'enfant, il subira les impulsions que lui fournira le hasard; il sera formé par les circonstances, car il n'y a pas moyen de se soustraire à l'éducation : elle continue sans interruption depuis la naissance jusqu'au dernier terme de la vie. Mais celle de l'enfance est la plus importante dans ses conséquences, car les habitudes de la famille sont le vrai livre de morale de l'enfant. Tout en lui est image et instinct d'imitation. Il comprend bien mieux un fait qu'une théorie, un exemple qu'une leçon. C'est par les sens qu'il se fait peu à peu des idées, des sentiments, et tout un petit système de vie. Ce qu'il voit faire aux autres, il le fait volontiers lui-même, et si grande est cette propension à imiter, que vous retrouvez en lui la parole, l'accent, le geste et jusqu'au sourire de sa mère. Rien n'est donc indifférent de ce qui se passe autour de lui; car son âme est comme une eau limpide où viennent se refléter tous les objets du rivage, les arbres et les rochers, les épines et les fleurs, les reptiles et les oiseaux. Heureux les enfants quand les mœurs de la famille sont réglés selon la sagesse chrétienne! Cette charmante union des cœurs, cette décence de langage, cette sobriété de goûts et de désirs, ces habitudes de bienfaisance, ces prières en commun le soir, et la douce piété de la mère, et les vertus courageuses du père, toutes ces images religieuses et aimées laissent dans les jeunes cœurs des impressions que rien ne peut effacer complètement.

D'autre part, beaucoup de parents, absorbés par leurs affaires ou entraînés par les plaisirs du monde, ne veulent pas trouver le temps de remplir ce devoir, pour eux le premier de tous. Incapables de veiller sur leurs enfants et impatients de se délivrer de leur gaieté bruyante, ils les envoient prématurément à l'école, où ils portent tous les vices d'une éducation négligée. On semble croire généralement que, plus les enfants sont inappliqués et indociles, plus il convient de les envoyer aux écoles publiques, comme si ces établissements avaient pour principale mission d'extirper les habitudes vicieuses que les parents laissent contracter aux enfants.

Combien d'infortunées petites natures ont ainsi cruellement souffert des fautes et de l'ignorance de leurs imprudents parents!

Juvénal se plaignait déjà à l'époque de la décadence de la république romaine : « Aujourd'hui on abandonne l'enfant à une esclave, et à une esclave qu'on ne peut employer à rien autre chose; ces esclaves se permettent en la présence des enfants tout ce qui fait de mauvaises impressions. Les parents même engagent souvent les enfants à la méchanceté et à l'impudence; aussi on dirait maintenant que le vice leur est inné. »

Au temps de saint Chrysostôme, les chrétiens n'envoyaient leurs enfants dans les écoles qu'à l'âge de cinq ans.

Fénelon se plaint qu'on abandonne la surveillance et le développement des enfants du premier âge, qui reçoit les impressions les plus profondes et qui ont une si grande influence sur toute la durée de la vie, la plupart du temps à des femmes maladroites et sans ordre.

Rousseau, dégoûté de la direction et de la manière d'élever les enfants de son temps, s'exprime ainsi : « Tout sort bon des mains du Créateur, tout dégénère sous la main de l'homme; » et il tire cette conséquence qu'un élève unique devrait avoir au moins pendant vingt ans le seul et même instituteur.

Fichté demande de même dans ses discours à la nation allemande un changement radical dans la manière d'élever les enfants. A son point de vue, il n'y a plus d'autre remède pour ce peuple plongé dans l'égoïsme, que d'enlever aux parents les enfants et les faire élever et instruire dans des établissements publics par des hommes spéciaux et capables. « Il faut que les enfants se gâtent inévitablement dans notre contact avec eux; si nous avons pour eux une étincelle d'amour, il faut que nous les éloigniions de notre milieu empoisonné et que nous établissions pour eux un asile pur. »

Pestalozzi, lui-même, qui s'était fait fort, « avec les moyens dont il dispose, d'amener même des paysannes du fin fond du Nord, à se rendre à son appel et à ses idées, » reconnaît dans son âge avancé, qu'il exige plus des mères qu'elles n'accordent ordinairement; il commence à être inquiet quand il entre dans le monde avec son idée favorite et cherche des parents par lesquels elle doit être réalisée Il avoue lui-même que, « entraîné par l'image de la sublime puissance du père et de la mère, je me vois entouré d'un monde, dans lequel je cherche en vain tout autour de moi ce père et cette mère. Le monde, tel qu'il est réellement, pèse trop sur l'homme. »

Les choses ont-elles changé depuis ce temps et les mêmes reproches ne pourraient-ils pas être adressés aujourd'hui aux parents? Ne voyons-nous pas de nos jours un enchaînement fatal d'évènements divers, insurmontables, qui prive les parents de la douce satisfaction d'élever eux-mêmes leurs enfants, et du témoignage si consolant qu'ils voudraient un jour pouvoir se rendre d'avoir accompli, à leur égard, le premier de tous les devoirs? Ne voyons-nous pas aussi l'insouciance de certains parents et l'ignorance des autres, contribuer à se séparer de leurs enfants, dès l'âge le plus tendre, pour les confier à des mains étrangères quand leurs habitudes morales et le développement de leur intelligence leur permettent à peine de fréquenter les écoles publiques? Voyons ce qui se passe ordinairement : 1° dans les classes élevées; 2° dans les classes aisées et 3° dans les classes pauvres de notre société.

Les riches ont à leur disposition les moyens matériels pour la garantie d'une bonne éducation, mais la chose principale, la vie de famille proprement dite, manque dans la plupart des cas.

Et d'abord, les riches ont-ils assez de loisir, ou assez de calme? car, pour commencer et suivre l'œuvre si compliquée et si délicate de l'éducation, il ne suffit pas d'être libre de tout travail absorbant, il faudrait l'être encore de toute inquiète préoccupation; il faudrait que le foyer fût comme une sorte de sanctuaire où ne vinssent pas retentir les tumultes du dehors, affaires, politique, voyages, intrigues, plaisirs, tous ces bruits étourdissants qui troublent les existences mondaines. Où sont les ménages tranquilles de nos ancêtres? où sont les familles rangées et patriarcales qui avaient jadis ces loisirs et cette paix? Hélas! le foyer de nos jours participe plus ou moins aux ébranlements et aux tracas de la vie publique! Jamais peut-être l'existence ne s'est compliquée de tant de préoccupations et de sollicitudes. Ce sont les devoirs impérieux de l'état, les luttes de la concurrence, les soucis de l'ambition, les agitations du dehors, les soins de l'intérieur, les relations de parenté, de plaisir ou de politesse, repas, visites, soirées, concerts, mille distractions qui s'emparent de l'esprit, mille dérangements qui se disputent les heures. Comment peut-on alors s'occuper de l'édution et de l'instruction de ses enfants, du moins des plus petits? aussi ceux-ci restent exclusivement sous la garde de personnes étrangères. L'enfant sort des mains de la nourrice pour tomber entre celles d'une bonne et le bienfait de la langue maternelle (et ceci pris dans le double sens) lui est aussi bien refusé que le lait maternel.

Abandonnés ainsi presque entièrement à des précepteurs, à des gouvernantes, comme cela arrive au milieu de l'étourdissement des grandes villes, l'influence légitime et naturelle du sang, de l'affection, du devoir, est remplacée par une influence étrangère, intéressée. Combien de jeunes gens n'ont trouvé que mauvaises leçons et mauvais exemples dans ceux qui auraient dû être les gardiens de leur vertu! De là ces maisons ruinées, ces races abâtardies par la faute des parents oublieux d'un de leurs plus importants devoirs. « Il existe aujourd'hui, dit un célèbre philanthrope, dans beaucoup de familles, une division affligeante. Le fait n'est que trop réel; et si nous en cherchons la cause, nous la trouvons dans l'affaiblissement progressif de la puissance paternelle. Un père a été considéré, dans tous les temps et chez tous les peuples, comme exerçant sur ses enfants un ascendant irrésistible : de nos jours cette force morale est presque anéantie. Comment les chefs de famille ont-ils perdu ce pouvoir tutélaire? Ne serait-ce pas en négligeant d'en faire usage et en cessant d'imprimer autour d'eux ce respect si utile qui se concilie avec la tendresse et qui maintient l'autorité? Ils ne se sont pas occupés de leurs enfants; ils n'ont pas été leur premier instituteur; s'ils l'eussent été, ils eussent déposé dans leur âme les premiers germes de morale; le jeune enfant aurait conservé le souvenir des leçons d'un père; elles auraient pénétré dans le cœur avec le respect que l'on a toujours pour son premier maître, et s'y seraient consolidées et développées; cette longue et douce habitude d'obéissance aurait, presque à son insu, façonné son âme à ce joug sacré; il eût toujours écouté ses conseils et jamais il n'aurait méconnu une autorité qui, dans sa pensée, se serait confondue avec celle de Dieu même. »

Quelque favorable que soit la vie de famille pour la direction morale de l'enfant, il faut reconnaître que, dans l'état actuel des choses, on ne saurait compter sûr son influence dans la classe moyenne, cette partie travailleuse du peuple; elle n'a pas à sa disposition les moyens matériels des familles distinguées par la naissance ou par la fortune. Beaucoup de parents ne peuvent ni entreprendre l'éducation de leurs jeunes enfants, ni placer auprès d'eux des instituteurs qui ne les quittent point. Par contre, le travail et l'activité préservent de beaucoup de maux et d'habitudes immorales, de même qu'une vocation bien ordonnée procure aussi ordinairement une heureuse vie intérieure. Mais combien n'y en a-t-il pas qui méconnaissent aujourd'hui la faveur de leur sort et sacrifient leur propre repos et le bonheur de leurs enfants à la passion de ressembler à ceux qui, soutenus par une source intarissable de richesses. peuvent satisfaire chaque désir et chaque caprice? Cette passion a pour résultat naturel la négligence et l'indifférence de tout ce qui se rapporte aux soins, à la surveillance et à l'éducation progressive des enfants. Dans les classes moyennes tout le fardeau des affaires ou du ménage repose uniquement sur la femme; ailleurs le père, ou la mère, peut-être les deux, ne peuvent à cause de leur commerce, de leur industrie, de leur santé délicate ou de maladie se vouer à la surveillance indispensable de leurs enfants.

Écoutez ce que disait à ce sujet, déjà en 1844, M. H. Corne, dans un ouvrage remarquable sur l'éducation publique. « Dans l'état actuel de la civilisation, l'homme a tellement étendu ses rapports avec les hommes et les choses, il a fait de la vie une si grande affaire, qu'il plie sous le poids des obligations qu'il s'est créées, et se perd, lui et sa femme, dans mille détails et mille soins journaliers. Ce n'est plus de vivre seulement qu'ils s'inquiètent, de vivre honnêtement, avec aisance, de vivre même par la pensée et les affections. Il leur faut la richesse, les honneurs, le pouvoir, l'opinion; toutes les forces et toutes les jouissances, les arts, le luxe, tous les raffinements de la sociabilité. Acquérir, conserver, accroître incessamment tout cela, voilà ce qui les absorbe, ce qui remplit leur vie. Il n'y a plus de place évidemment pour les devoirs du père et de la mère de famille, pour les soins de l'éducation domestique. »

« Dans un semblable état de société, le mouvement et les nécessités de la vie tiennent une immense place. Ce n'est qu'au prix d'une activité incessante, que la plupart des hommes peuvent faire face aux besoins de l'existence réelle, et satisfaire à ceux de cette existence artificielle que les raffinements de la civilisation ont rendue aussi impérieuse que l'autre. Pour en arriver

là, il est bien peu de pères de famille qui puissent se passer de la pratique assidue d'un art ou d'une industrie, de l'exercice d'une profession ou d'une fonction publique. Et comme partout les rangs sont pressés et la concurrence énorme, il arrive que chacun, préoccupé du but qu'il veut atteindre, absorbé par les soins que la nécessité exige, n'a plus la liberté d'esprit, ni la liberté d'action nécessaire pour s'occuper d'une chose aussi sérieuse que l'éducation de ses enfants. Quant à se faire suppléer par des maîtres qu'il attirerait à grands frais chez lui, une autre impossibilité l'arrête. la médiocrité de sa fortune. Ainsi, de toutes parts, les faits nouveaux que la marche de la civilisation produit élèvent des barrières entre le père et la mère de famille et le devoir que la nature leur traçait; et l'éducation domestique, de nos jours, n'apparaît plus que de loin en loin, et comme un rare et peu imitable modèle. »
Ce tableau n'est-il pas encore vrai aujourd'hui et ne voyons-nous pas les enfants de ces familles aisées. abandonnés à des étrangers, souvent à une domestique à qui incombe en même temps les soins du ménage, et il manque ainsi à ces jeunes êtres. au printemps de la vie, le chaud rayon de soleil qui doit mûrir les sentiments naissants les plus profonds et les plus secrets du cœur humain. De là tant de santés ruinées, tant de mauvais penchants, tant d'habitudes vicieuses. Une nourrice ignorante ou irascible, une bonne d'enfant vulgaire ou vicieuse sont peut-être les

plus grands fléaux qui puissent visiter le berceau de l'enfance.

Dans les classes nécessiteuses, les parents négligent complètement leurs enfants, ou leur donnent souvent, par leur propre conduite, le plus pernicieux exemple. La lutte pour l'existence empêche le père de s'occuper de l'éducation de ses enfants et force souvent la meilleure des mères, de refouler violemment dans son cœur saignant les soins maternels; elle est obligée de réprimer le désir de vivre entièrement pour ses enfants et de courir après son gagne-pain avec le sentiment douloureux qu'ils sont exposés à des dangers corporels et spirituels. Aussi y a-t-il un degré de misère, dans lequel, comme sur un terrain stérile, aucune vie et par conséquent aucune véritable vie de famille ne peut parvenir à produire des fleurs; il se produit même souvent chez les parents une dureté dans les mœurs, une sauvagerie du caractère qui ne peut que préjuger une influence pernicieuse sur les enfants. Eh bien, dans ce milieu agité et corrompu, qui parlera à l'âme de l'enfant? En quoi et comment dirigera-t-on son intelligence? Qui lui donnera ces leçons morales qui doivent défendre sa conscience souvent assaillie et tourmentée par le scandale? Qui lui fera comprendre et sentir les nobles facultés que le Créateur a mises en lui?

Mais supposons pour un moment les circonstances les plus favorables, l'amour le plus tendre des parents pour leurs enfants, la meilleure volonté et le libre loisir de se consacrer entièrement à eux, nous nous heurtons chez la plupart des mères à un obstacle : c'est l'ignorance de tout ce qui se rapporte à l'éducation. Il y a très peu de femmes qui par suite du manque de toute préparation sont au courant de l'accomplissement du devoir de l'éducation; il n'y a que des femmes supérieures qui en ont saisi et compris toute l'importance. Et ces femmes, qui ont formé les grands hommes, étaient, dans la plupart des cas, par suite de leurs dispositions naturelles, les meilleures institutrices de leurs enfants; car, comme nous l'avons déjà dit : Élever ses enfants sera toujours la plus belle page de la vie d'une femme; nulle, si elle veut, ne sera inhabile. Pourquoi sa raison et son amour seraient-ils moins parfaits, moins dévoués que l'instinct des êtres privés du flambeau de l'intelligence? Dans toutes les espèces, Dieu n'a-t-il pas voulu que la mère pût subvenir aux besoins et aux nécessités de l'être auquel elle a donné la vie? Ne proportionne-t-il pas les facultés qu'il accorde à l'importance du devoir qu'il assigne? Et dans toute la nature ne retrouve-t-on pas les traces de cette prévoyante tendresse? N'est-ce pas elle qui inspire l'oiseau? La mère qui a déposé l'œuf dans le nid peut aussi le faire éclore; celle qui a réchauffé le petit lui donne les premières leçons dont il a besoin pour diriger son inexpérience. Elle seule devine que pour lui apprendre à voler, il faut mesurer l'espace à la faiblesse de son aile. Elle seule devine le moment où il est assez fort pour s'élancer avec elle dans l'air et dans la liberté, tandis que le père, qui a sans cesse secondé son amour, les suit et les protège encore. Cependant gardons-nous en bien de tirer cette conséquence que toute disposition naturelle soit suffisante dans tous les cas pour l'accomplissement de cette noble tâche.

Nous ne nous hasarderions jamais d'embrasser un art, un métier, fût-il le plus simple, sans nous y être préparés; partout le proverbe est vrai : « Aucun savant ne tombe tout formé du ciel. » La vocation de l'éducation serait-elle plus facile que le plus simple métier? Ou la mère serait-elle peut-être le savant tombé exceptionnellement du ciel? Sans doute la mère véritable porte en elle une partie de ce savant. Un rayon de cet amour émané de Dieu, sillonne sa poitrine qui dans son apparition étiolée, porte encore le cachet divin. C'est cet amour qui est l'air vivifiant de l'éducation; mais de même que l'haleine ne suffit pas seule à la vie, de même pas uniquement l'amour à l'éducation, s'il ne s'y joint une connaissance approfondie de l'homme en général et une conception pratique particulière, en un mot, un jugement et une connaissance justes, car l'éducation domestique restera toujours un art, c'est-à-dire un ensemble de moyens dans lequel un certain savoir-faire, une certaine adresse domineront. Enfin, en dernier lieu, on ne doit pas oublier que l'individu est appelé à être formé comme membre de l'humanité entière, comme membre de la société civile et qu'il doit aussi être élevé dans ce but. Le sentiment d'une plus grande communauté d'idées ne peut être éveillé et agrandi que dans la communauté, et l'éducation manquerait ce but en n'attachant son élève qu'à la famille. « Pour les garçons surtout, dit M. A. Rendu. il est incontestable que l'éducation publique offre presque toujours de grands avantages, parce qu'elle fournit beaucoup de moyens d'action qui manquent dans l'éducation domestique. En rapprochant les enfants les uns des autres, elle leur fait faire de bonne heure, et sous beaucoup de rapports, un véritable apprentissage de la vie sociale. L'école, comme on l'a souvent répété, est le monde en miniature : les penchants, les passions, les intérêts qui animent la plupart des hommes, s'y développent sur une plus petite échelle; dès lors les caractères doivent s'y façonner pour l'avenir. De la réunion des enfants de différentes familles sous une surveillance éclairée, résulte le développement rapide des dispositions variées et en même temps mille occasions pour le maître de faire naître et de fortifier les penchants utiles. »

Quant aux jeunes filles, nous l'avons déjà dit, c'est auprès de leur mère qu'elles doivent être élevées; c'est auprès d'elles qu'elles doivent trouver ce qu'il y a de plus important à l'éducation d'une femme, surtout dans les premières années de la vie. Mais comme toutes les mères ne peuvent pas donner et continuer cette éducation jusqu'à ce qu'elle soit complète, elles sont obligées de confier leurs filles à l'éducation commune. Cette éducation, malgré une masse d'inconvénients, présente des avantages. Les jeunes filles ne sont pas destinées à vivre seules; leur existence ne doit pas être toujours restreinte au cercle étroit de la famille; elles doivent se trouver un jour en rapport avec le monde. Or, l'habitude de vivre en commun pendant trois ou quatre ans, après leur première communion, les prépare admirablement à la vie sociale. Dans un exercice journalier de patience, de sacrifices mutuels, d'attentions réciproques, elles apprennent à ne pas vivre seulement pour elles, mais un peu pour les personnes qui les entourent. Cette éducation commune leur fait faire l'apprentissage de la vie, et les dispose par de petits mécomptes et de légères contrariétés, à supporter un jour sans se plaindre, les épreuves plus sérieuses qui les attendent dans le monde. Mais si la mère est obligée de se séparer de sa fille pour la confier à des mains étrangères pour recevoir des soins que son cœur serait si heureux de lui prodiguer, nous désirons, dans l'intérêt de la jeune personne, qu'elle ne soit qu'externe, et que le soir elle retourne au foyer de la famille où se concentrent ses affections les plus douces, ses souvenirs les plus chers et où elle puise ces leçons de piété, de morale, de politesse et de convenance, à la source abondante de l'éducation maternelle.

Où l'enfant trouvera-t-il cette éducation que la famille ne peut lui donner ?

Nous venons de prouver l'importance de l'éducation du premier âge, nous avons démontré qu'elle doit être faite par la mère, et nous avons vu que dans les classes élevées et aisées, elle est abandonnée à des personnes étrangères et ignorantes de leur mission et que dans les classes pauvres elle est pour ainsi dire nulle. Les citations que nous avons reproduites ont fait ressortir les conséquences de cette éducation sur la vie de l'individu, de la famille et de la société. Ne pouvant donc pas la recevoir dans la famille, l'enfant est obligé de la trouver en dehors d'elle. C'est alors que l'État lui doit ce que sa famille ne peut lui donner : l'éducation. Ce n'est pas seulement un droit que l'État acquiert ainsi, c'est une obligation qu'on lui impose. Dans cette occurrence il prend instantanément la place de la famille ; il devient responsable comme elle ; et dès lors les droits qu'on lui cède, on ne peut les céder sans garantie. Voilà comment la famille appelle le pouvoir public au double maintien de la morale et des institutions.

Disons-le, en l'honneur de notre siècle, des établissements du premier âge se sont ouverts sur toute l'étendue de notre belle France : les particuliers, les associations, les communes et l'État ont rivalisé de zèle pour mettre à la portée de toutes les familles, des crèches, des salles d'asile et des écoles de filles, dans le but de former de bonnes mères de famille. Sous ce rapport je crois qu'il n'y a pas un département en France où on doit autant à l'initiative privée pour l'éducation et l'instruction qu'à celui du Haut-Rhin, et surtout l'arrondissement de Colmar. Vous trouvez Mme Frédéric Hartmann qui a fondé et entretenu une crèche pour recueillir et soigner les enfants des femmes des ouvriers. Elle songeait à ces petits êtres confiés dès leur naissance à de pauvres vieilles femmes pendant que les mères étaient obligées de chercher à la fabrique de quoi entretenir le reste de la famille.

Son oncle avait déjà donné à la ville de Munster des bâtiments scolaires, véritables palais qui, au milieu de vastes cours ombragées, renfermaient, pour les garçons, une école catholique et une école protestante, chacune avec deux maîtres; une école catholique de filles avec quatre religieuses et une école protestante avec le même nombre de maîtresses, et une salle d'asile pour chaque culte dont l'installation et l'organisation ne laissaient rien à désirer; enfin une école supérieure pour garçons et filles des deux cultes et pour laquelle M. Hartmann Frédéric a déjà dépensé dix mille francs rien que pour le cabinet des sciences naturelles.

Madame Schoubert de Sainte-Marie-aux-Mines, qui a fondé et qui entretient un ouvroir, établi dans un bâtiment superbe, au milieu d'un beau jardin, où elle forme comme elle le disait : « de bonnes épouses pour les ouvriers et des mères de famille modèles. Outre l'instruction donnée par trois religieuses, les jeunes filles sont exercées aux travaux et aux soins du ménage; à la couture dans ses genres les plus variés, au tricot, au raccommodage, au lavage, au repassage et à la cuisine. Elles y sont reçues après leur première communion; elles arrivent en été, le matin à sept heures, en hiver à huit heures, et restent jusqu'à quatre heures en hiver et jusqu'à sept heures en été. A tour de rôle, deux d'entr'elles font le ménage et la cuisine aux sœurs sous la surveillance de deux autres de leurs camarades et d'une religieuse ; puis les plus âgées, la dernière année de leur séjour, vont compléter cette science dans la cuisine de Mme Schoubert. Inutile de dire que ces jeunes filles étaient très recherchées à l'âge de 20 ans quand leur éducation était achevée. Quelle pépinière de bonnes mères de famille cette noble dame a créée ! Citerai-je M. Henri Schlumberger de Guebwiller qui a fait construire à ses frais une école de filles de huit classes avec une salle d'asile pour 200 enfants; M. J.-J Bourcard, du même endroit, qui a établi les cours populaires, avec bibliothèque, cabinet de lecture, jeux de toutes sortes dans une propriété superbe dont l'installation lui a coûté au moins deux cent mille francs? Ce fut là l'origine des cours d'adultes organisés plus tard en France. La famille Hertzog Antoine au Logelbach près de Colmar qui entretenait deux écoles pour les jeunes ouvriers et ouvrières de leurs vastes établissements. Il fallait voir endosser, en sortant de leurs ateliers, les garçons une blouse propre, et les jeune filles une robe, un tablier et un fichu, fournis par la maison, se rendre sous la surveillance d'un contre-maître à leurs classes respectives où les attendaient les religieuses, assistées très souvent de Mme Hertzog et de son excellente fille, Mme Fauconnay-Dufresne, qui par leur bienveillance, leur douceur et avec un véritable cœur de mère, encourageaient les efforts de ces pauvres enfants et les initiaient à toutes les vertus qui ornent les femmes. Comme elles savaient trouver le chemin de ces cœurs! Cet exemple fut suivi par la maison Haussmann-Jourdan-Hirn Aujourd'hui que ce beau département est perdu pour la France, c'est avec un serrement de cœur que je ne puis exprimer, que je me reporte à ces souvenirs de ma chère Alsace où se faisait tant de bien. Que ces grandes maisons, que ces nobles dames dont je viens de citer les noms, reçoivent ici le faible témoignage de reconnaissance de tout le bien qu'elles faisaient, sans bruit, sans ostentation, et de l'accueil si bienveillant que j'ai toujours reçu par elles ainsi que du concours intelligent qu'elles m'ont prêté en toute circonstance pour faciliter l'exercice de mes fonctions. Si, comme il est prouvé, les départements de l'Est sont ceux où l'instruction est généralement plus répandue et plus florissante que dans les autres, parce que les particuliers, les communes et le département ne reculent devant aucun sacrifice dès qu'il s'agit de l'éducation et de l'instruction des enfants, je suis sûr qu'il se trouve ailleurs des cœurs aussi généreux qui se dévouent à cette noble cause. Je serais ingrat si je ne citais pas dans la Côte-d'Or, où je fus placé après l'annexion et sur mon refus de servir la Prusse, les nobles familles de Saint-Seine, de Loisy, de Clermont-Tonnerre, de la Tour du Pin, de Mareschal de Charentenay, qui ont établi et qui entretiennent à leurs frais dans les campagnes où se trouvent leurs propriétés, des salles d'asile et des écoles de filles confiées à ces bonnes religieuses qui, comme le disait le bon Amyot, « joûtent à qui plantera dans le cœur de leurs élèves vertu en l'âme et vigueur en l'esprit. » Puisse leur exemple trouver ailleurs des imitateurs, et notre belle France deviendra, sous ce rapport aussi, bientôt le modèle des nations.

Mais si à la ville comme aux champs on rencontre des dévouements particuliers si louables, c'est à la commune, au département et à leur défaut à l'État qui a une action plus puissante, plus soutenue et plus vive, qu'incombe le devoir d'élever les enfants. Quel homme, quelle société, quel corps pourrait fructueusement en assumer complètement la charge ? Seul, l'État est assez puissant en ressources de toute nature pour fonder et entretenir un nombre suffisant d'établissements scolaires. Lui seul peut et doit associer l'enseignement à ses destinées, en le fondant sur la religion et la morale, sur la discipline et sur l'indépendance d'une hiérarchie bien ordonnée où règnent la gravité des mœurs, la dignité du corps et l'esprit de conservation si nécessaires à la confiance et au respect public, en faisant sa force et sa gloire à contribuer à la moralité des habitants.

Rendons cette justice à notre époque, car depuis quelques années des efforts très louables ont été tentés et des améliorations notables ont été réalisées dans ce sens. De nombreuses salles d'asile ont été créées en vue de préparer l'éducation publique des futurs élèves des écoles primaires, dans les grandes villes et dans les centres populeux. Mais dans les campagnes, où elles seraient le plus nécessaires, elles font pour ainsi dire complétement défaut. Ne nous en plaignons pas, car nous voudrions les voir remplacées par les écoles les plus élémentaires de toutes pour l'éducation du premier âge. Nous ne parlons pas ici de ces garderies où les enfants, entassés dans une mauvaise chambre ou dans une cuisine, sont forcés, sous la surveillance d'une bonne femme, à une immobilité complète pendant six et souvent huit heures de la journée, fort heureux si des accidents de toutes sortes ne viennent pas révéler de temps en temps l'incapacité de la surveillante. Non, il ne s'agit pas seulement d'ouvrir un refuge aux petits enfants du pauvre pendant que leurs mères sont occupées à leur travail de la journée; mais il faut établir partout dans les villages, des écoles pour tous les petits enfants, afin d'y commencer leur première éducation et les y préparer à leur première instruction.

« Nous n'hésitons pas à déclarer qu'à toute école primaire élémentaire où sont admis les enfants de 6 à 14 ans, devrait correspondre et servir de premier degré une école de petits enfants, dirigée à peu près comme le sont les bonnes salles d'asile, et que dans toute construction de nouvelles maisons d'école, on devrait avoir égard à ce besoin de la première éducation. Nous voudrions qu'il plût au législateur de rendre partout ces écoles obligatoires, comme le sont les écoles élémentaires. Il suffirait pour cela que les communes rurales fussent tenues de voter cent à cent cinquante francs par an pour cet objet, en même temps que de pourvoir à un local convenable. La charité publique et une légère rétribution imposée aux parents plus ou moins aisés feraient le reste. Dans les petites communes on ferait de l'école pour le premier âge une annexe de l'école ordinaire, et l'on en confierait la direction, soit à la femme de l'instituteur, soit à quelque bonne mère de famille, qui serait aussi chargée des travaux à l'aiguille.

« Au défaut d'une loi, les administrations départementales pourraient en provoquer partout l'établissement, en accordant des secours et des primes aux communes qui montreraient le plus d'empressement à cet égard. Le plus souvent, pour réussir à ériger une école pareille, il suffit du zèle de quelque personne influente qui sache donner l'impulsion et appeler à soi les bonnes volontés et les ressources éparses d'une localité. Une fois qu'elle existe, elle ne tarde pas à être reconnue pour nécessaire et à devenir institution publique. Le bien qui en résulterait est manifeste, car il ne sera véritablement pourvu à l'éducation du peuple que du jour où il y aura partout des écoles de petits enfants et des salles d'asile, et le succès de l'instruction primaire elle-même ne sera bien assuré qu'à ce prix. » (Willm, *De l'éducation du peuple.)*

Il semble que tout a été dit sur l'utilité, les avantages et les résultats des salles d'asile qui, comme les cours d'adultes, ont eu leur origine en Alsace, et cependant que d'améliorations n'y aurait-il pas à faire dans leur organisation, dans leur surveillance, dans leur direction et dans leur tenue ! J'en appelle à tous les instituteurs et à toutes les institutrices qui me répondront ce que j'ai toujours moi-même constaté et entendu, que rien qu'entre le programme de l'asile et celui de l'école primaire il n'y a pas une proportion suffisamment progressive. C'est une question si importante qu'elle doit nécessairement éveiller l'attention du législateur et que je me propose de la traiter ailleurs.

Les écoles de filles se sont aussi augmentées, mais seulement dans les villes et dans les communes populeuses. Il y a encore bien des communes de cinq cents âmes et au-dessous qui ont des ressources et qui restent indifférentes aux bienfaits d'une école de filles. Ils ne savent pas que l'instruction ne peut devenir universelle dans les campagnes que par les femmes. Elles n'ont pas l'air de vouloir comprendre qu'une femme ne peut être élevée et formée que par une femme, et que faire l'éducation des filles, c'est faire une école de chaque maison.

« Or, pour le succès de l'enseignement, et surtout pour celui de l'éducation, il faut séparer les deux sexes, et, partout où cela est possible, établir des écoles de garçons et des écoles de filles. Cette séparation est réclamée moins dans l'intérêt des mœurs que dans celui de l'instruction et surtout de l'éducation. Ce n'est pas que les mœurs soient tout à fait désintéressées dans cette question, mais elles le sont moins qu'on ne paraît le croire généralement. Tous les dangers que peut offrir la réunion habituelle d'enfants des deux sexes, nous ne disons pas sur les mêmes bancs, ce qui ne doit être toléré dans aucun cas, mais dans une même salle, peuvent être évités par la vigilance du maître, par la disposition de la salle, par la manière dont les enfants entrent à l'école et en sortent, par d'autres mesures semblables; cependant, en prenant ces mesures, il faut prendre garde que ces précautions mêmes ne deviennent un danger. Mais la séparation nous paraît surtout désitable dans l'intérêt de l'éducation et de l'instruction. Il faut une autre éducation et même une autre instruction aux jeunes filles qu'aux jeunes garçons, et il est difficile que le même maître suffise en même temps à ce qu'exigent les uns et les autres. En effet, il faut pour présider à l'éducation des garçons, plus de fermeté et de sévérité, et pour diriger celle des jeunes filles, plus de douceur et de bonté. Il ne faut pas pour l'une et pour l'autre d'autres principes, mais d'autres maximes spéciales, puisées dans la nature particulière aux deux sexes et dans la destinée particulière aux deux sexes et dans celle qui les attend. Une pareille différence existe pour l'instruction, et quant aux objets, et quant à la méthode de l'enseignement. Les matières ordinaires sont les mêmes pour les garçons et les jeunes filles, mais quelques-unes ne doivent leur être enseignées ni de la même manière ni dans la même mesure. Il y a ensuite des choses qu'il faut enseigner aux garçons seuls, d'autres qui sont nécessaires aux seules jeunes filles, et qui sont en général négligées dans les écoles mixtes. En un mot, il y a déjà ici une spécialité de destination à laquelle l'organisation de l'école élémentaire doit se conformer. Là où la séparation absolue est impossible, il faut au moins que le même maître sache modifier ses directions d'après le sexe de ses élèves, qu'il soit pourvu d'une manière quelconque à ce que demande l'éducation des jeunes filles, éducation dont les conséquences sont si importantes. » (Willm, *De l'éducation du peuple.)*

Fénelon l'a dit il y a longtemps : « Que le bien est impossible sans les femmes, qu'elles ruinent ou soutiennent les maisons, qu'elles règlent tous les détails des choses domestiques et que, par conséquent, elles décident de ce qui touche le plus près à tout le genre humain. » Et comme disait Droz dans son Essai sur l'art d'être heureux : « Élevons avec soin nos jeunes filles et nous aurons fait beaucoup pour notre propre bonheur. » Le célèbre Shéridan, en envoyant son plan sur l'éducation des filles à la reine d'Angleterre lui disait : « Les femmes nous gouvernent, tâchons de les rendre parfaites; plus elles auront de lumières, plus nous serons éclairés. De la culture de l'esprit des femmes, dépend la sagesse des hommes : c'est avec la femme que la nature écrit dans le cœur de l'homme. »

« L'avenir d'un enfant, disait Napoléon, dépend toujours de sa mère », et il répétait souvent qu'il devait à la sienne sa brillante fortune. S'entretenant un jour avec Mme Campan des anciens systèmes d'éducation et de leurs nombreux défauts, il lui demanda ce qu'il fallait aux jeunes filles pour être bien élevées. « Des mères », répondit-elle. Ce mot frappa Napoléon. « Voilà tout un système d'éducation », dit-il avec sa rapidité ordinaire de pensée. « Eh bien! Madame, faites des mères qui sachent élever leurs enfants. » Et il la plaça à la tête de la maison d'Écouen, devenue depuis si célèbre.

Former des mères dignes de ce nom, doit donc être le but principal de l'éducation des femmes. Toute jeune fille est appelée par la nature à devenir épouse et mère ; il faut donc lui enseigner à servir les intérêts d'un mari et à préparer des enfants au ciel, aux leçons de l'école et aux devoirs de la vie sociale.

« Si l'on voulait savoir quels furent, dès l'origine des sociétés et à diverses époques, la condition et le pouvoir des femmes, il suffirait pour résoudre cette importante question, à défaut de documents positifs, d'examiner les mœurs publiques des nations. Soit, en effet, que les femmes forment les mœurs, soit qu'elles en subissent l'influence, soit, enfin, qu'il y ait entre les femmes et les mœurs publiques une relation nécessaire et comme une sorte de solidarité, on peut, sans craindre de se tromper, juger des uns par les autres ; et quand chez un peuple on trouve les mœurs douces ou rudes, barbares ou polies, pures ou dissolues, il est facile de conjecturer la place que les femmes occupent chez ce peuple, et le pouvoir qu'elles y exercent.
« Ce ne fut point Clovis, ce fut Clotilde qui fonda la monarchie française : belle, modeste et chrétienne, elle fit l'éducation du peuple et du roi par l'Evangile ; elle subjugua les vainqueurs et les vaincus. » (Etienne Jouy.)

Quoique toute participation directe à la vie publique des hommes soit interdite aux femmes, il est vrai de dire, cependant, qu'elles ne sont pas complètemen étrangères à leurs déterminations et qu'elles participen toujours, au moins indirectement, au gouvernement de la société. Dans le domaine même de la politique, elles ne laissent pas que d'avoir une influence réelle sur les affaires de l'État, parce que les hommes qui les dirigent sortent de la famille dont elles ont l'administration, et dont elles sont l'âme et la vie. Filles, épouses ou mères, elles peuvent disposer l'homme public à préférer l'honneur aux richesses, le devoir au plaisir, le bien général à l'intérêt privé, et faire triompher la cause de Dieu et de l'humanité sur les mauvaises passions. Plus d'une fois, un orateur à la tribune, un ministre dans son cabinet, un roi sur le trône, ont pris généreusement la défense de la religion dont une femme chrétienne avait su leur inspirer le respect et l'amour. Mais leur action est d'autant plus salutaire qu'elle se renferme dans le sanctuaire de la famille. « Le foyer domestique est comme un cercle tracé autour de leur existence, et hors duquel elles ne sauraient remplir dignement le rôle qui leur convient; c'est seulement dans la vie privée qu'elles peuvent être supérieures, et leurs vertus ont d'autant plus de prix qu'elles sont modestes et plus cachées. Une femme bien élevée, c'est-à-dire celle surtout dont l'éducation a été basée sur le sentiment de la charité chrétienne et sur les vertus qui en découlent, rend heureux tous ceux qui l'entourent; elle est l'âme d'une famille; elle commu nique la vie à toute une société; elle répand autour d'elle la joie, la prospérité, la consolation et il n'est personne qui ne se sente disposé à s'incliner devant ce type vénéré, qui personnifie ce qu'il y a sur la terre de plus parfait, le devoir et la vertu qui ont leur principe dans l'amour de Dieu. » (Balme-Frézol.)

Puisque l'influence morale des femmes est un fait incontestable, elles devraient donc être élevées partout par des femmes et leur éducation et leur instruction devront être l'objet de la plus grande sollicitude d'un gouvernement éclairé et bienveillant. C'est ce qui a été fait en partie, car l'article 1er de la loi du 10 avril 1867 obligeait toute commune de cinq cents habitants et au-dessus à avoir au moins une école de filles et dans toute école mixte, tenue par un instituteur, une femme, nommée par le Préfet, sur la proposition du maire, est chargée de diriger les travaux à l'aiguille des filles. C'est un grand pas fait dans cette voie et une amélioration notable pour l'éducation des jeunes filles, mais ce n'est pas assez. Les conseils généraux, plus près du mal et voyant mieux le remède que les pouvoirs de l'État, devraient demander à toute commune, quelle qu'en soit la population, d'entretenir une école de filles; le département et l'État lui viendraient en aide, si ses propres ressources ne suffisaient pas à l'établissement et à l'entretien; les pères de familles feraient le reste. Si la faible population et le peu de ressources de certaines communes n'ont pas permis jusqu'ici de créer des écoles spéciales de filles, c'est plutôt par ignorance, indifférence et aussi par le choix des institutrices : les laïques coûtent trop cher et les religieuses ne plaisent pas à tout le monde. Faut-il, en présence de ces difficultés, arrêter dans son essor l'élan spontané et généreux des particuliers et des communes? Ce serait une fatale pensée, l'arrêt de mort de l'éducation des filles. La France est mieux inspirée; elle vient de décréter la création d'une école normale de filles dans chaque département. Beaucoup ont déjà un cours normal, ou entretiennent des bourses dans des pensionnats où d'honorables filles, vouées aux rigueurs du cloître, consacrent toutes les heures de leur existence à former des maîtresses pour l'enfance. « Ce dernier système est à notre avis le plus économique, le plus favorable; celui qui rentre le mieux dans nos habitudes, et en outre, celui qui offre les garanties les plus sûres et les plus permanentes.

« Voyez-la, cette jeune sœur dont on parle à peine et que l'on songe moins encore à admirer. Plus mère que bien des mères, la voilà entourée d'une multitude d'enfants qu'elle n'a ni portés dans son sein, ni nourris de son lait, mais auxquels elle émiette, avec les premières notions de la foi, les premiers rudiments de la science. Acceptant librement toutes les charges les plus pénibles de la maternité, sans percevoir aucun des bénéfices qui les allègent ou les compensent, elle forme, avec amour, le cœur de ces petits enfants, qui la fatiguent sans l'irriter jamais, éveille leur intelligence par les stratagèmes d'une patience que rien ne décourage. Ces enfants, bientôt elle ne les verra plus; d'autres, en recueillant les fruits de leurs précoces vertus, recueilleront, sans la connaître, le fruit de ses soins, de ses talents et de ses immolations. Mais tout cela ne lui vient pas même à la pensée. Son cœur angélique fait de l'héroïsme sans le savoir : elle sait seulement que ces petites filles un jour deviendront mères; qu'elles élèveront leurs enfants comme elles auront été élevées elles-mêmes, dans une piété généreuse et tendre et que, grâce à ses soins, Dieu sera glorifié; cela lui suffit.

« La vocation de ces vertueuses filles qui consentent, par charité évangélique, à se priver du beau titre de mère, pour adopter les filles des autres, est un lien de plus qui les attache à l'école. Exemptes des soins de ce monde, elles peuvent mieux que toutes autres apporter dans leurs fonctions le calme résigné, le zèle continu et cette dignité morale si propre déjà à l'inspirer aux enfants. En outre, la règle même de la communauté vient en aide au bien qu'on peut en attendre. En effet, elle continue sur tous ses membres jusque dans l'école rurale ou urbaine, au loin, cette surveillance que nulle ne remplace, mieux, cette surveillance qui doit se rendre maîtresse de tous les actes et de toutes les volontés, parce qu'elle empruntera d'abord son caractère à l'idée religieuse et morale que nous n'en séparons pas, ensuite à la surveillance constitutionnelle des délégués de l'État; et, sous cette double influence, le cœur, qui a fait le sacrifice de sa vie, ne sait plus qu'obéir. De plus, ces simples filles, habituées à vivre de peu, reportent la simplicité du cloître dans la vie de l'école, et, pour peu que soit léger le sacrifice que s'imposent les familles, les communes et les départements, l'école est constituée et ainsi se réalise, sans trop de frais, le vœu tant de fois exprimé, de la séparation des sexes. Mais ici il faut cependant respecter la liberté de la famille, car il y a d'excusables antipathies, de justes préférences qui, jointes aux principes d'émulation qui naît de la concurrence, invitent toute la sollicitude de l'autorité.

« Personne n'ignore les services rendus par les institutrices religieuses; on sait tout le bien qu'elles font, soit par la facilité qu'elles ont, plus que toutes autres, de vivre d'une vie simple et conséquemment de pouvoir exercer, avec un traitement très inférieur, jusque dans les plus petites communes. Comme aussi il y a des laïques méritantes, des mères, des veuves et des femmes éprouvées tout aussi capables, plus capables peut-être d'apprendre à la jeune fille, non seulement les premières notions des sciences, mais les devoirs sacrés et si nombreux qui l'attendent. » (Malgras.)

Dans mon ancien arrondissement de Colmar je procédais de la manière suivante. Quand j'avais gagné à ma cause les autorités locales, nous cherchions à louer une maison; c'était toujours facile et peu coûteux ; nous y installions une religieuse (sur les cent trois écoles publiques catholiques toutes étaient dirigées par des religieuses ; les autorités et les populations ne comprenaient l'institutrice que sous l'habit religieux) ; la commune votait un traitement, ordinairement cent ou deux cents francs et les parents, au moyen d'une rétribution qui ne dépassait pas dix francs par an et par enfant, faisaient le reste. Inutile de dire que toutes les indigentes étaient admises gratuitement. Le mobilier de la religieuse était fourni par le couvent moyennant vingt francs par an ; celui de l'école était presque toujours fourni par un ou plusieurs riches particuliers. Au bout de deux ou trois ans au plus, quand les parents avaient apprécié les avantages d'une école de filles, ils n'auraient plus consenti à la supprimer ; la commune faisait le traitement complet de 400 fr. et l'école était fondée. C'est ainsi que j'ai établi en douze ans quarante-huit salles d'asile et cinquante et une écoles de filles.

Examinons maintenant ce que deviennent l'éducation et l'instruction, dans les écoles des deux sexes, pour les enfants du premier âge et pour les jeunes filles qui sont obligées de les suivre.

Écoles publiques des deux sexes ; ce qu'elles sont en général.

Nous venons de le dire, l'enfant est obligé de chercher l'instruction et l'éducation dans les écoles publiques ou libres. Nous ne parlerons pas des dernières, ni des enfants qui ont fréquenté une salle d'asile, deux sortes d'établissements fort rares dans les campagnes. Nous examinerons surtout la manière dont les jeunes filles sont élevées dans les écoles mixtes qui existent malheureusement encore en trop grand nombre.

Les règlements scolaires académiques portent en général que les enfants, pour être admis à l'École primaire, doivent être âgés de six ans, toutefois dans les communes où il n'existe pas de salle d'asile l'âge d'admission pourra être fixé par les autorités locales à cinq ans. Or, à la campagne on avance généralement cet âge, car les parents forcés d'être hors de chez eux, sont heureux de se débarrasser de leurs enfants et de les savoir en sûreté à l'école ; aussi n'est-il pas rare d'y trouver des enfants de quatre ans et même au-dessous de cet âge. C'est bien jeune et ces pauvres enfants méritent souvent qu'on les plaigne. Nous nous rappelons tous notre première entrée à l'école pour laquelle nous avions une répulsion qui était presque toujours justifiée. Combien de fois nos parents ne nous ont-ils pas menacés de l'école ! Si tu n'es pas sage, si tu n'obéis pas, on t'enverra à l'école; ou : voici le maître qui passe, je vais l'appeler pour te punir ; ou encore : tu verras quand tu seras en classe comme on te fera obéir, avec une grosse verge, avec la férule ; on t'enfermera dans la chambre noire. Je pourrais continuer les citations et faire voir que des parents maladroits ont fait de l'école un épouvantail et de l'instituteur une espèce de croquemitaine. Les mêmes choses se passent encore ainsi de nos jours et étonnons-nous alors si l'enfant n'aime pas l'école et si, jeté au milieu de tous ces visages la plupart nouveaux pour lui, astreint immédiatement à une règle uniforme et gênante, en présence d'un maître au front sévère qui exige une obéissance servile, il le regarde comme un ennemi. La petite fille surtout, cette douce et mignonne créature, habituée jusqu'ici aux douces caresses d'une mère, ne connaissant de la vie que le mouvement et la gaîté : courant, dansant, chantant des rondes et jouant avec ses petites camarades à la dînette avec cette grâce vive et naïve qui n'appartient qu'au premier âge, se laisse traîner avec frayeur à l'école. Ah ! accueillez-la avec bonté, avec douceur afin de dissiper ses préventions et de gagner sa confiance. Ne lui faites pas regretter cet âge où le rire est toujours sur les lèvres et où l'âme est toujours en paix ; ne lui ôtez pas la jouissance d'un temps si court qui lui échappe et d'un bien si précieux dont elle ne saurait abuser ; gardez-vous de remplir ses premiers ans si rapides, d'amertume et de douleurs, qui ne reviendront pas plus pour elle qu'ils ne peuvent revenir pour vous. Ne soyez pas un maître trop sévère et trop difficile à contenter, ce serait le moyen de lui faire prendre l'école en aversion. « Commencez par vous rendre agréable à tous et sachez que des remèdes naturellement amers ont besoin d'une main secourable pour les adoucir » (Quintilien.)

N'oubliez pas que bien des enfants sont restés toute leur vie sauvages, indifférents, froids et égoïstes parce qu'ils n'ont jamais eu à répondre à une caresse, parce qu'on n'a jamais provoqué les petits élans de leur âme par un regard, par un sourire, par une parole. Le cœur de l'enfant rend en proportion ce qu'on lui donne : que peut-il donner lorsqu'il ne reçoit rien ? On a répété bien souvent que pour élever les enfants il faut les aimer. On peut avoir un esprit cultivé, une intelligence supérieure, mais pour pouvoir faire du bien aux enfants, il faut les aimer : telle est la loi de la divine Providence qui, à côté des grands devoirs de l'éducation, a placé un grand amour. O vous qui n'aimez pas les enfants, n'essayez pas de les élever, car l'amour seul peut répandre quelque charme dans les fonctions pénibles de l'éducation ; lui seul peut vous découvrir les mille qualités aimables de l'enfance, et faire jaillir de ces jeunes âmes une foule de sentiments délicats qui rendent votre tâche douce et facile ; lui seul peut vous inspirer les sages précautions, les procédés ingénieux, les expédients de toutes sortes dont vous devrez user pour vous mettre à la portée de l'enfance, pour condescendre à sa faiblesse, pour la suivre dans sa perpétuelle mobilité. Sans l'amour des enfants, l'éducation ne sera pour vous qu'une charge fatigante qu'un lourd fardeau, que vous ne sauriez porter longtemps sans un grave préjudice pour les jeunes âmes qu'on aurait eu l'imprudence de vous confier. Aimez donc les jeunes enfants et sachez leur persuader que vous les aimez ; soyez avec eux doux et bons, car, comme dit saint François de Sales : « L'esprit humain est d'une trempe à n'être entièrement ramolli que par la douceur. » Parlez-leur le langage de la raison, non de cette raison implacable et sévère qui éloigne et effraie, mais de la raison tempérée par l'indulgence du cœur ; encouragez le moindre effort, accordez des éloges au moindre progrès, et montrez-vous aussi heureux de récompenser que l'élève peut l'être d'avoir mérité cette récompense. Grâce à cette affection, à ces soins de tous les instants, à ces encouragements, ils se trouveront bientôt moins à plaindre auprès de vous, ils aimeront l'école, ils prendront goût à l'étude et le premier ennui dissipé, vous pourrez vous occuper avec succès de l'œuvre importante et difficile que vous avez entreprise, surtout si, par des procédés ingénieux, faciles et agréables, vous savez développer cette intelligence qui est neuve, éveiller cette âme qui sommeille encore et meubler cette mémoire, qui est toute fraîche. La place n'est pas vide, toutes les notions célestes s'y trouvent ; il ne s'agit que de les faire apparaître.

Mais comment s'y prend-on souvent? A voir la gravité et l'air d'importance avec lesquels certains instituteurs traitent les enfants, on croirait qu'ils visent à substituer, dans les petites filles surtout, l'austère sagesse de la vieillesse aux charmes du premier âge ; qu'ils veulent enter leur froide raison sur la vivacité et l'aimable enjouement de leur esprit ; qu'ils entreprennent, en un mot, de détruire l'enfance plutôt que de la diriger. Au lieu de se mettre à la portée de timides enfants, par une douce condescendance, ils affectent de les traiter comme des personnes raisonnables, et leur supposent toutes les dispositions dont ils se sentent eux-mêmes capables. Il faut se faire enfant avec les enfants, c'est-à-dire se proportionner en toutes choses à leur faiblesse, s'abaisser, et, pour ainsi dire, se rapetisser à leur taille. Tant que l'on se tient dans sa grandeur en laissant l'enfant dans sa petitesse, il ne peut exister dans ces deux âmes aucun rapport, aucune intimité. Ce n'est pas assez de se mettre à la portée des enfants en général, il faut encore que l'instituteur se fasse tout à tous, et qu'il recherche d'abord de quoi chacun de ses élèves est capable, afin de savoir ce qu'il convient d'exiger d'eux. Ce contrôle sera bientôt fait, car, à de rares exceptions, les enfants lui viennent ignorants dans presque toutes choses.

A leur arrivée à l'école on cherche à les placer tant bien que mal : tantôt sur de petits bancs sans dossier où ils sont dans une fatigue continuelle ; tantôt sur des bancs adossés au mur où leur petit corps est exposé à absorber toute l'humidité dont, dans beaucoup d'écoles, les murs sont imprégnés; ailleurs on les place dans des tables-bancs qui ne sont nullement pour leur taille et où ils subissent de graves inconvénients et des fatigues dont on ne se rend souvent pas compte quand le corps, replié sur lui-même, est pressé contre le banc sur lequel il repose et la table sur laquelle il s'appuie, dans une position où les organes intérieurs comprimés, perdent la liberté de leur action, et souffrent à la longue, des altérations profondes qui enlèvent à l'enfant la santé et la vie.

Et dire qu'on tient ces petits êtres dans une immobilité, dans une inaction complète, ne sachant pas les occuper convenablement et surtout agréablement ! Aussi que de fois n'arrive-t-il pas, surtout par les fortes chaleurs de l'été, que toutes ces jeunes têtes, vaincues par la fatigue et l'ennui, sont couchées sur les tables et dorment d'un sommeil bienheureux, à leur grande satisfaction et à celle de l'instituteur qu'ils ne dérangent pas dans son travail avec les *grands*. Comment occuper continuellement et utilement ces jeunes esprits ? C'est là une question que maint instituteur s'est posée et qu'il n'a pas pu résoudre complètement et facilement. Qu'enseigne-t-on dans cette division ? L'instruction religieuse, la lecture, l'écriture, le calcul et dans quelques écoles, et elles sont bien rares, on y ajoute quelques éléments de langue française, de gymnastique et pour les petites filles un peu de tricot. Encore si ces matières étaient enseignées directement par l'instituteur, mais la plupart du temps cette dernière division est abandonnée à des moniteurs qu'on ne s'est même pas donné la peine de former à leurs délicates fonctions ; et comme ces jeunes auxiliaires sont changés d'un jour à l'autre, il s'ensuit qu'ils ne connaissent ni le point de départ, ni le point d'arrêt de la veille, dans ce qu'ils doivent enseigner aux autres et qu'ils ignorent ou connaissent imparfaitement eux-mêmes. Ce n'est pas que nous condamnions l'emploi des moniteurs, mais, comme les auteurs du mode mutuel l'ont prescrit eux-mêmes, on ne doit s'en servir que dans les classes dont le chiffre des enfants dépasse quatre-vingts et pour les choses mécaniques seulement, car dès qu'il s'agit de leçons destinées spécialement au développement de l'intelligence, elles ne peuvent et ne doivent être données que par l'instituteur. De plus, ces moniteurs doivent alors recevoir une leçon après la classe pour leur faire gagner le temps qu'ils ont perdu eux-mêmes et pour les préparer à leur emploi. Voici donc dix, douze élèves, et quelquefois plus, formés en cercle autour d'un moniteur; souvent les garçons et les filles sont mêlés, ce qui est cependant défendu, car ce mélange présente des inconvénients graves sous plus d'un rapport. Il s'agit de donner une leçon d'instruction religieuse qui consiste à faire apprendre les prières. Le moniteur commence par faire réciter le *Pater* au premier; s'il le sait déjà, il passe au second et ainsi de suite jusqu'à ce qu'il arrive à un qui ne le sait pas encore, alors tous les autres sont obligés d'écouter, pendant une heure entière, un enseignement qu'ils connaissent ou qu'on cherche à leur donner sans la moindre explication. Je vous laisse à juger de l'intérêt de cette leçon et de l'attrait qu'elle a pour les enfants et si un moniteur peut leur faire partager les sentiments d'amour, de foi, de désir qu'expriment ces belles prières, mais qu'on leur fait prononcer par routine et souvent au milieu des larmes. Je ne parle pas de l'histoire sainte dont il n'est question que quand l'enfant sait lire; alors on lui donne à apprendre par cœur un chapitre qu'il récite sans explication au moniteur. Il en est de même du catéchisme qu'il ne comprend pas et dont on ne se donne pas même la peine de lui expliquer le sens grammatical des mots et des expressions.

L'enseignement de la lecture, reconnu par tous les maîtres comme l'instrument indispensable des autres branches d'études, est par là même la préoccupation constante de l'instituteur et des parents. Savoir lire! Ah! quand mes élèves sauront lire, le reste ira tout seul! Voilà ce que vous pouvez entendre souvent. Dès lors on doit rechercher les meilleures méthodes, car ce enseignement a été bien simplifié et amélioré depuis quelques années. Malheureusement on suit encore l'ancienne routine qui consiste à confier les petits enfants à des moniteurs, lesquels, armés d'une baguette, pour ne pas dire bâton, indiquent sur un tableau des signes, véritables hiéroglyphes à prononcer pour les pauvres enfants, et si, fatigué de cet exercice, un élève détourne les yeux, la terrible baguette s'abat sur sa tête pour le rappeler à l'attention. On leur apprend ainsi à prononcer les lettres de l'alphabet les unes après les autres ou, ce qui est plus logique mais plus rare, les voyelles d'abord, les consonnes ensuite; puis on cherche à leur faire réunir une voyelle à une consonne et réciproquement et enfin à réunir une ou plusieurs syllabes pour en former des mots, ce qui n'arrive qu'après bien du temps et des larmes; heureux si l'instituteur veut bien s'assurer par lui-même de leurs progrès et leur faire quitter un tableau sur lequel ils se pâment pendant des semaines, des mois et qu'à force de répéter ils savent à peu près par cœur. Étonnons-nous alors qu'il faille, comme presque tous les instituteurs d'un arrondissement me l'ont avoué, trois ans pour apprendre à lire couramment à un enfant. Je ne sais qui je dois plaindre le plus : l'enfant ou l'instituteur, ou les deux, surtout quand je songe que l'enfant doit ainsi parcourir vingt-huit à trente tableaux dont se compose la méthode de lecture. Il est vrai qu'on vous dit : Oh! je ne vais pas jusqu'au bout, je m'arrête à la moitié de la méthode et je mets un livre entre les mains de l'élève.

Je ne parle pas du sens des mots qu'on ne se donne pas la peine d'expliquer. J'ai vu par contre des instituteurs intelligents, donnant eux-mêmes les premières leçons de lecture avec des méthodes perfectionnées, enseigner à lire en trois mois.

En Alsace, l'enfant qui entrait à l'école à la Toussaint, savait lire à Pâques, et celui qui y entrait à Pâques lisait à la fin de l'année scolaire. Après ce temps, quand il savait lire couramment le français, et qu'il comprenait à peu près tout ce qu'il lisait, on lui enseignait à lire en allemand, ce qu'il savait en six semaines.

Enfin, l'heureux moment est arrivé pour le maître et pour l'élève; l'enfant, après beaucoup de temps, de travail et d'ennui, quitte, comme on dit, les tableaux et on lui donne un livre qu'on a choisi parmi les plus amusants, approprié, pense-t-on, à la faiblesse de son intelligence et orné d'images; on espère ainsi lui inspirer l'amour de la lecture et la lui faire pratiquer jusqu'à ce qu'elle puisse lui servir à acquérir des connaissances. Mais la fin ne répond pas aux moyens, car le moniteur le fera lire sans aucune explication; l'enfant lira pour lire mais ne comprendra rien. Comment avec un pareil enseignement attendre qu'il avance en intelligence et qu'il acquière une instruction solide?

L'écriture est enseignée d'après des méthodes très variées. Dans telle école l'instituteur écrit le modèle sur le tableau noir, dans telle autre il l'écrit dans les cahiers des élèves, ou bien il leur fait acheter des modèles; ailleurs les élèves ont des cahiers-modèles où ils s'exercent, sur des calques, à tracer des lettres sur des modèles à l'encre rouge; plus tard on se sert du crayon sur les ardoises et même dans des cahiers. Ici on commence par la grosse écriture, là par la moyenne. Mais ce qu'on oublie généralement, c'est de montrer aux enfants à se servir convenablement du crayon ou de la plume, de leur indiquer la position que doit avoir la main, le bras, le corps surtout, dans cet exercice où les lois hygiéniques ne sont pas toujours observées, et qui sont cependant si importantes à cet âge, pour les jeunes filles surtout. En général, cette leçon dure trop longtemps, les enfants remplissent pages sur pages sans qu'on rencontre nulle part trace du passage de l'instituteur; les fautes s'y répètent à chaque mot, à chaque ligne et deviennent par conséquent plus difficiles à éviter pour une autre fois. On oublie trop souvent que la qualité doit toujours être préférée à la quantité et que la leçon d'écriture ne doit pas être considérée comme un temps de repos pour le maître. Si l'art de l'écriture est si simple, si facile, si purement imitatif, il n'exclut pas la vigilance du maître, ne serait-ce que pour recommander et pour obtenir la propreté des cahiers qui sous ce rapport, laissent toujours beaucoup à désirer, et à apprendre à lire à l'enfant les modèles qu'il copie souvent sans pouvoir les lire et par conséquent sans en comprendre le sens. Mais ce qu'on ne fait surtout pas c'est d'enseigner aux enfants à écrire librement d'eux-mêmes, sous la dictée, dès qu'ils en sont à l'écriture courante; on donne trop de temps à la leçon d'écriture et pas assez à la bonne écriture usuelle et à l'orthographe. A voir ce qui se passe, il semble que les élèves ne doivent s'appliquer à bien écrire qu'à l'heure de la calligraphie; aussi les enfants se dédommagent de cette peine aux dépens des autres cahiers que maint instituteur n'oserait pas montrer aux personnes chargées de visiter son école. Je ne voudrais voir donner à cet enseignement que le temps strictement nécessaire et l'instituteur veiller à ce que ses élèves écrivent bien toujours et partout

Le calcul ne devrait être enseigné dans les écoles primaires que comme moyen de former l'attention et le jugement et comme un instrument nécessaire aux transactions de la vie sociale. Voyons si on suit ces principes. Presque dans toute école on se sert du boulier-compteur sur lequel le moniteur, toujours le moniteur, apprend aux petits enfants à compter jusqu'à cent; arrivé à ce point il leur enseigne la table de l'addition, puis celle de la soustraction; ensuite on leur apprend à faire des chiffres et enfin on leur dicte des nombres qu'on leur fait lire jusqu'à mille et même jusqu'à dix millions, en leur inculquant péniblement ce qu'on entend par ordre et classe. Puis on leur fait faire de longues additions et des soustractions avec des nombres aussi étendus que le tableau noir et qu'ils ne savent presque jamais énoncer. C'est ainsi qu'ils barbouillent une grande quantité de cahiers sans savoir pourquoi on leur fait faire ces longues opérations et sans que la plupart du temps on se donne la peine de vérifier si elles sont justes. Plus tard viendra l'étude du livret, autre torture pour l'esprit de ces jeunes enfants. C'est là ordinairement que s'arrête l'enseignement du calcul dans la petite classe et selon l'exposé que je viens d'en faire, il me semble qu'on fait le contraire de ce qui a été dit au commencement, car ici, ni l'attention, ni le jugement ne sont exercés. Tous les pédagogues ont prescrit de commencer l'étude de l'arithmétique par le calcul mental, les règlements scolaires l'ordonnent parce que cet exercice est d'une grande simplicité, plaît par conséquent aux enfants à cause du grand attrait et du réel intérêt qu'il répand sur cet enseignement et est ainsi autant un amusement qu'un travail. Mais comme c'est l'instituteur lui-même qui devra donner cette leçon, il s'en dispense toujours pour s'occuper des plus grands élèves et le calcul se borne dans les petites classes à ce que nous venons de décrire. Est-il alors étonnant que les enfants, les petites filles surtout, n'aient pas de goût pour le calcul, et qu'on ait plus tard tant de peine, quand il s'agit de raisonner les opérations, pour leur en faire comprendre le mécanisme et les règles. Il y a sans doute des exceptions, mais elles sont rares, et on trouve peu d'écoles où, avec le calcul mental, on donne aux enfants de cette division quelques notions sur les unités les plus simples du système légal des poids et mesures, que l'enfant voit dans la maison paternelle ou chez l'épicier, le boulanger, l'aubergiste, quand il fait les petites commissions de sa mère.

L'enseignement de la langue française n'est abordé que quand l'élève sait copier du livre, et comme on a lu que le verbe est le mot par excellence, on lui met entre les mains une grammaire et on lui fait faire tous les jours plusieurs temps d'un verbe et souvent un verbe entier; mais tout cela sans expliquer le sens de ce mot et inviter l'enfant à y ajouter une idée, une proposition, afin de lui apprendre à l'employer plus tard avec justesse et intelligence. Puis on lui fait apprendre par cœur la définition du nom, de l'article, de l'adjectif, du pronom et du verbe, et dans un volume d'exercices grammaticaux, il copie ces différentes espèces de mots dans des phrases la plupart sans un sens convenable et qui ne disent rien ni à son cœur ni à son intelligence; ou il devra lui-même trouver de ces mêmes mots pour les intercaler dans des phrases de son exercice. Enfin les analyses grammaticales viennent compléter ce qu'on appelle l'enseignement de la langue dans la division élémentaire. Chacun se dira sans doute que de cette manière on enseignera plutôt la grammaire que la langue. Je suis de cet avis, mais il est si commode de dire aux élèves : vous apprendrez pour demain la règle une telle; ou : vous ferez le devoir un tel dans les exercices grammaticaux ou lexicologiques; ou bien : vous analyserez la phrase une telle! C'est ainsi que dans un très grand nombre d'écoles, l'enseignement de la langue française se traîne encore dans les errements condamnés par les circulaires ministérielles et rectorales, au lieu de consister dans des exercices de langage et des dictées choisies avec soin, bien graduées, suffisamment expliquées et exactement corrigées.

L'arrêté ministériel du 21 avril 1869, qui prescrit l'enseignement de la gymnastique dans les écoles primaires, commence à être appliqué lentement dans les établissements scolaires; mais ce sont avant tout les élèves des autres divisions qui prennent part à ces utiles exercices; tout au plus fait-on faire quelques marches et de rares exercices de flexion des membres aux élèves de la division qui nous occupe. Pendant ce temps les petites filles sont abandonnées à elles-mêmes et restent confinées dans la salle d'école. Comme il serait cependant facile et avantageux de leur donner une petite récréation, de leur laisser respirer un air pur. de leur permettre de s'exercer à la course. au saut, au volant et faire circuler leur sang avec plus de vivacité! On ne songe pas à ces jeux qui, tout en donnant de la fermeté et de la souplesse aux membres, ajoutent l'aisance et la grâce à toute la personne, détruisent la gaucherie naturelle à leur tenue et leur communiquent cette liberté et cette politesse qui sont si désirables dans la société. On s'apercevrait aussi que le temps que ces jeunes filles passeraient à ces jeux ne serait pas perdu pour l'avancement de leur intelligence.

Il en est de même des travaux à l'aiguille, qui généralement ne sont enseignés aux jeunes filles qu'à partir de l'âge de cinq ans. On donne pour excuse que de très jeunes enfants ne peuvent pas encore prendre part à ces exercices et sous ce prétexte on les condamne à une immobilité complète, ou on les remet à un moniteur qui leur fait répéter pendant une heure, une leçon quelconque *afin de les occuper*. Ne vaudrait-il pas mieux leur inspirer de bonne heure le goût des travaux manuels, ne fût-ce que du parfilage, dont la charpie, leur dira-t-on, sert à panser les plaies des pauvres malades ? car il ne faut pas l'oublier, il faut toujours donner un but louable au travail pour le rendre intéressant. On regarde au-dessous de soi de leur montrer à habiller leur poupée et de les rendre ainsi adroites, comme aussi de leur donner des idées d'ordre et de propreté en les laissant jouer au ménage. Ce sont de petites choses, mais qui ont une grande importance dans l'éducation d'une femme.

Voilà le cercle dans lequel les enfants se meuvent pendant trois ou quatre ans, depuis leur entrée à l'école, et s'ils n'y entrent qu'à l'âge de six ans, il peut arriver ceci, c'est que quand leurs années d'instruction primaire sont terminées, ils ont atteint l'âge de onze ans, époque à laquelle ils font leur première communion, et que comme la durée moyenne de la fréquentation est de quatre ans, ils quittent l'école sans rien savoir. Voilà pourquoi le chiffre des conscrits, des conjoints et des conjointes, ne sachant ni lire, ni écrire, ne diminue pas en proportion de l'élévation progressive du nombre des enfants reçus dans les écoles. C'est que ceux-ci ont oublié entre onze et vingt ans ce qu'ils avaient appris entre huit et onze. Ils ont reçu à l'école un instrument qui se rouille promptement et devient inutile s'il n'est pas souvent mis en usage. Le Gouvernement a si bien compris la gravité de cette situation, qu'il a établi et encouragé partout les cours d'adultes et répandu les bibliothèques scolaires. Mais ces remèdes ne sont ni suffisants ni efficaces; les vrais remèdes consistent dans la réforme et dans une plus grande extension de l'instruction dans les petites classes; dans un emploi judicieux du temps, une fréquentation régulière et dans la durée des cours primaires. Il faut que l'école produise des résultats tels que le père de famille les apprécie lui-même et qu'il reconnaisse les avantages utiles et surtout pratiques de l'instruction que son enfant cherche à l'école, afin qu'il ne regrette pas pour lui les heures de classe qu'il doit employer à acquérir des connaissances dont lui n'a jamais connu la douceur.

Les classes aisées, qui reconnaissent l'insuffisance de l'instruction primaire, sans avoir précisément la prétention ou le désir de faire un savant d'un fils, mais de lui donner les connaissances nécessaires à un commerçant, à un petit industriel, ou à un chef d'une exploitation rurale tant soit peu étendue, l'envoient dans un collège communal quelconque, où il ne trouve qu'imparfaitement et à beaucoup de frais, ce qu'il cherche, et où trop souvent il prend un pli peu compatible avec les allures de la vie modeste qui l'attend à la campagne.

Quant à la jeune fille, celle qui appartient à la classe aisée, elle est mise dans un pensionnat de la ville, où elle ne reste ordinairement pas assez longtemps pour acquérir des connaissances variées et étendues, assez longtemps cependant pour échanger la simplicité. la franchise, la sincérité dont la nature l'avait dotée et qu'une mère chrétienne avait développées et cultivées en elle, contre le goût de l'afféterie, le ton prétentieux, la minauderie de la société et l'esprit du monde, qu'elle apportera dans son humble village où devra s'écouler sa vie.

Celles des classes pauvres dont tous les instants ne peuvent pas encore être absorbés par des travaux champêtres, des mères imprudentes les confient à des couturières pour se perfectionner dans les travaux à l'aiguille et peut-être aussi pour embrasser plus tard cet état. Mon cadre ne me permet pas de traiter cette manière de compléter l'éducation d'une jeune fille, je laisse ce soin à des moralistes pour faire ressortir tous les inconvénients et, je ne crains pas de le dire, souvent tous les dangers de cette habitude à peu près générale dans les campagnes.

Ecoles publiques des deux sexes ; ce qu'elles devraient être.

La maison d'école, *sanctuaire de l'intelligence*, devra être construite dans les meilleures conditions d'orientation, de commodité, de propreté et d'hygiène qui conviennent à un établissement de cette nature. Le mobilier sera complet, le matériel des bancs et des tables commode ; ces meubles seront établis suivant les règles de l'art, et appropriés quant à la hauteur et à la forme, à l'âge des enfants auxquels ils sont destinés, car trop élevés, ils gêneraient leur position ; trop bas, ils leur feraient contracter l'habitude de postures disgracieuses et funestes à la santé.

Les garçons seraient placés d'un côté de la salle, les filles de l'autre ; ou encore, les premiers dans les bancs les plus rapprochés de l'estrade de l'instituteur, et les secondes à leur suite. Dans beaucoup d'écoles on a établi une cloison de 1m50 de hauteur, partant du fond de la salle, aboutissant aux pieds de l'estrade de l'instituteur et partageant la classe en deux.

Je suis de l'avis des instituteurs qui l'ont fait supprimer partout où ils ont pu, comme nuisible à la discipline, aux progrès des élèves et allant complètement contre le but pour lequel elle avait été établie.

Tout est donc bien organisé, bien disposé pour recevoir les enfants, pour rendre leur séjour à l'école aussi agréable que possible. Il ne s'agit plus que de leur communiquer les connaissances appropriées à leur âge, de combattre l'indolence naturelle ou l'esprit dissipé d'un petit nombre d'entre eux, de régler et de stimuler l'amour du travail des autres. Quelle sera l'instruction qu'ils recevront, et comment la leur donnera-t-on, afin de pouvoir résoudre ce problème posé si souvent : *Apprendre en quatre années à des élèves de cinq à sept ans, en ne leur demandant que quatre heures de présence à l'école par jour : ce que comprend l'instruction élémentaire?*

Ce problème publiquement et authentiquement résolu, les plus grandes difficultés que rencontre l'instruction primaire seraient vaincues. Alors un cultivateur ne serait plus privé du concours de ses enfants que pendant l'âge où il n'en peut encore tirer un grand produit, c'est-à-dire de cinq à sept ans, et il n'en serait privé que quatre heures par jour.

Les branches d'enseignement dont se composera le cours élémentaire seront : l'instruction morale, religieuse et civique, la lecture, l'écriture, la langue française, le calcul, le système métrique, l'histoire de France, la géographie, le dessin, le chant, les leçons de choses, les exercices de mémoire, l'agriculture, la gymnastique, les jeux et les travaux à l'aiguille.

Instruction morale, religieuse et civique. — Voici l'enseignement par excellence, la première des branches du programme de l'école, l'âme de toute l'œuvre de l'éducation. Montrons aux enfants la vie humaine comme la route qui conduit à Dieu quand on accomplit sa sainte volonté. La religion, semence divine, jetée de bonne heure dans leur cœur, y poussera de plus profondes racines. C'est l'âge où elle réussit admirablement. C'est à l'époque où la nature entière leur sourit, où tous leurs semblables les aiment et les protègent, que l'idée d'un Dieu ami, d'un Dieu protecteur s'empare aisément de leur âme. Et quelle bénédiction qu'une telle idée! qui peut en apprécier le bienfait? qui saura ce qu'est pour eux un fond d'espérance qui ne s'épuise jamais, qui leur montre un monde éclatant au delà de ce monde, une perfection céleste au delà de la perfection humaine, un bonheur plus grand, plus pur que celui dont on peut se former l'idée ici-bas, et enfin qui leur persuade que les maux mêmes sont pour leur bien! Plus de solitude, plus d'exil, plus de vieillesse, plus de mort; Dieu est là, il les soutient, il les entend, il leur parle, il les rassure; et si le danger est grand, imminent, inévitable, si les ombres de la mort les environnent, c'est qu'il veut les recevoir dans son sein. Une lumière douce se répand sur tous les objets; une atmosphère d'amour enveloppe la nature entière; les hommes, les animaux, les montagnes, tout est aimé; tout est l'ouvrage de Dieu; tout est un langage dont il se sert pour leur dire qu'il est leur père; et la paix et le bonheur qu'il répand dans l'âme le leur dit bien plus. Quel autre temps pour faire un plaisir de ce qui sera toujours un devoir? Nous enseignerons donc à ces enfants les prières, le catéchisme et l'histoire sainte. Par l'enseignement de la prière je n'entends pas, comme on dit communément : nous prions avant et après la classe. Sans doute toute classe doit commencer et se terminer par la prière.

Les règlements prescrivent de réciter une prière avant et après les classes; nous ne saurions trop encourager les maîtres à conserver et à maintenir religieusement cette pieuse habitude : c'est un acte de foi et, nous oserons le dire, de haute raison; ce sera dans l'intérieur de l'école un principe d'ardeur, de travail, de régularité, d'obéissance : quand la pensée de Dieu est quelque part, elle est une source de biens inattendus. Dieu est le centre de la lumière, même dans l'ordre naturel; et, sans soutenir que la prière donne toujours de l'esprit à ceux qui n'en ont pas, du génie à ceux qui en sont dépourvus, il est certain que la piété clarifie l'intelligence, et qu'en conservant dans le cœur le parfum de la vertu, elle préserve l'esprit de nombreux écarts et de ces ténèbres qui obscurcissent l'œil de l'âme; il est certain qu'une prière bien faite rapproche de Dieu, et qu'il est impossible de se rapprocher de Dieu sans ressentir quelques-unes de ces émanations lumineuses qui échauffent en même temps qu'elles éclairent. Si ces recommandations rencontraient chez quelques hommes le rire de l'incrédulité, et s'ils taxaient de puérilités ce qu'il y a de plus grave dans l'éducation, nous les renverrions à l'école des philosophes de l'antiquité, pour y recevoir la leçon qu'ils méritent : « Tout homme, dit Platon, pour peu qu'il ait de raison, invoque toujours la Divinité, avant de s'engager dans une entreprise grande ou petite... »; et plus loin : « Reprenons notre discours, après avoir invoqué de nouveau la Divinité qui nous a dirigé jusqu'à présent, afin qu'elle nous sauve d'une explication étrange et absurde. » Un des hommes les plus anti-chrétiens de l'Allemagne, Gœthe, s'est écrié lui-même : « Le *Veni Creator*, cette hymne magnifique, est une véritable invocation au génie : aussi enthousiasme-t-elle les hommes d'intelligence et de cœur. »

Mais cette prière qui est prescrite par le règlement, ne doit pas être un enseignement ou un exercice, c'est quelque chose de plus noble qui a pour but d'élever l'âme de l'enfant vers Dieu avant de commencer l'instruction proprement dite, pour lui demander la grâce de bien apprendre et de donner son esprit à celui qui va lui dispenser cette instruction, de bénir ses travaux et les siens, comme aussi de le remercier après la classe de l'instruction qu'il a reçue et de demander à la bien employer pour le rendre tous les jours meilleur, en même temps qu'il prie pour son instituteur, ses parents et pour les bienfaiteurs de l'établissement où il est élevé. Connaissez-vous quelque chose de plus simple, de plus beau et de plus élevé en même temps que cette prière de l'enfance bien faite? Croyez-moi, pour peu que votre sentiment accompagne cette prière, elle prendra de la signification pour l'enfant, surtout dans l'Oraison dominicale, prière qui devient sa compagne fidèle depuis le berceau jusqu'au tombeau. Le sens qu'elle renferme se développe constamment et devient plus beau et plus profond à mesure qu'il avancera en âge. Mais pour que cette prière soit efficace, une condition essentielle est nécessaire : c'est que l'instituteur soit animé d'un vif sentiment religieux, qu'il brûle lui-même de cette flamme divine qui alors ira d'elle-même éclairer et réchauffer l'âme de ses élèves. Qu'il se garde bien de la faire à la hâte, sans recueillement et sans onction, car dans ce cas elle ne produit que l'indifférence et est plutôt contraire qu'utile au but qu'il se propose; qu'il sache bien que si l'enfant le voit incrédule ou indifférent, il le saura bien vite et méprisera au fond de lui-même, ou la prière, ou celui qui la fait avec lui. Ensuite qu'il n'oublie pas qu'il est en présence de jeunes filles qui l'observent et auxquelles il doit donner l'exemple de bien prier qu'elles devront inculquer elles-mêmes plus tard à leurs propres enfants.

Il s'agit donc d'apprendre à l'enfant les prières: ordinairement l'œuvre est déjà commencée quand il arrive à l'école, car sa mère lui aura déjà appris les premières prières, donné les premiers éléments de l'instruction religieuse et inspiré l'amour de Dieu, le sentiment d'un saint respect pour la religion et le goût des choses célestes; il ne s'agit donc plus que de continuer cette éducation avec intelligence. Il serait bon que l'instituteur enseignât lui-même les prières; cependant il pourra confier cet exercice à un moniteur pour les garçons et à une monitrice pour les filles, sous la condition qu'il s'assure par lui-même, chaque jour, si ces petits auxiliaires les récitent distinctement, les font répéter de même, et jusqu'à quel point les élèves ont progressé. Quand sera arrivé le moment où l'enfant saura lire un peu couramment, il connaîtra ses prières et on lui mettra entre les mains le catéchisme; et, bien que le soin d'en expliquer la pure et sublime morale appartienne surtout au prêtre, l'instituteur s'associe à cette mission en préparant ses élèves à bien écouter ses leçons et à enseigner à en tirer tout le fruit désirable; il en expliquera le sens grammatical des mots, des phrases obscures qui ne se rallient à rien dans leur esprit et qui seraient sans cela un moyen sûr de les rebuter. L'importance sérieuse qu'ils voient attacher aux erreurs de leur mémoire les alarme et leur ferait éprouver je ne sais quel mélange de terreur et d'ennui, dont il est important de les délivrer.

Il est essentiel de commencer cette étude le plus tôt possible en donnant deux ou trois questions à apprendre par jour; l'enfant arrivera ainsi sans peine et sans ennui à savoir parfaitement son catéchisme à l'époque à laquelle il devra faire sa première communion. Telle n'est pas, il faut le dire, la marche généralement suivie, et ce qui se passe dans un grand nombre d'écoles laisse infiniment à désirer. En général les ministres du culte ne s'occupent directement de l'instruction religieuse des élèves des écoles primaires qu'aux approches de l'âge auquel ils doivent être admis à la première communion, et l'instituteur, ne recevant pas de conseils de celui qui seul a le droit et le devoir de régler l'enseignement religieux, le néglige. Alors, à l'approche de la première communion, en beaucoup d'endroits, toutes les autres études sont pour ainsi dire suspendues; on ne s'occupe plus que du catéchisme; on accable la mémoire de choses excellentes sans doute, mais que fort souvent les enfants ne comprennent que très imparfaitement. Il en arrive que, lorsque par la suite la mémoire vient à oublier ce qui a été appris ainsi, toute cette instruction s'efface en grande partie de l'esprit, et n'y laisse à la longue que de faibles traces.

« La religion, dit Fénelon, est toute historique; c'est par un tissu de faits merveilleux que nous trouvons son établissement, sa perpétuité et tout ce qui doit nous la faire pratiquer et croire. »

L'histoire sainte fournit le fil auquel viennent se rattacher les vérités éternelles, soit de la morale, soit de la foi. Pour la bien faire comprendre aux enfants, on devra suivre la même voie dont Dieu lui-même s'est servi pour se manifester au genre humain, en racontant les événements qui ont accompagné les révélations successives. Il faut donc la leur raconter, car ce n'est que sous cette forme simple et parlante que les croyances les plus nécessaires trouvent dans le jeune esprit un accès qu'il serait difficile de lui donner autrement. Les enfants aiment tous l'histoire sainte; ils savourent ses divins enseignements; on dirait que leur intelligence, fermée à tant de choses étrangères, à tout ce qui les entoure, si difficile à éveiller lorsqu'il s'agit des sciences humaines, dont ils n'entendent ni les termes, ni l'essence, est d'avance entrée dans les secrets de Dieu, et que l'histoire de la religion, si abstraite, si sublime, n'est que le doux souvenir d'un beau rêve de leur berceau. On voit sur ces physionomies ouvertes une particulière jouissance : c'est celle de l'âme qui goûte la manne céleste; c'est celle de l'esprit qui s'imbibe de la vérité; c'est celle du cœur qui s'unit à Dieu. Le meilleur moyen de la leur enseigner consiste dans une belle collection de tableaux imagés mis successivement sous les yeux des enfants (1).

Cette manière de procéder, en mettant sous leurs yeux les vérités religieuses associées à des images qui leur soient agréables, pour peu qu'il y ait dans la manière d'enseigner de l'instituteur l'expression de la tendresse et de la sérénité, et qu'il soit animé d'un esprit conforme à son dessein, est la meilleure. Car si l'Ancien et le Nouveau Testament sont racontés avec une douce

(1) Collection de 75 sujets de l'histoire sainte et de la vie de Notre-Seigneur, chez Hachette, à Paris, prix 45 fr

gaieté et animés de ces touches naïves qui les rendent pour ainsi dire présents à l'enfant, il manquera rarement d'y prendre plaisir, et une fois qu'ils sont gravés dans sa mémoire, il est évident que l'instituteur pourra y faire allusion avec avantage quand il se présentera une occasion de réprimander ou d'exhorter son petit élève. Mais pour cela une condition est nécessaire. Il faut que l'instituteur, après chaque leçon, sache tirer de son récit les conséquences naturelles du vice et de la vertu; qu'il fasse voir comment Dieu punit déjà dans cette vie les individus et les peuples qui transgressent sa loi, et comment aussi il récompense ceux qui le servent et lui restent fidèles; qu'il leur rende sensible tout ce que le vice traîne après lui de maux et de honte, de douleurs et de remords, et tout ce que la vertu a de noble et de grand, ce qu'elle offre d'avantages même, de joies pures et intimes; que le premier leur apparaisse malheureux au milieu de la plus haute prospérité, et d'autant plus odieux qu'il est triomphant; et que la seconde leur paraisse encore digne, alors qu'elle est arrivée au comble de l'infortune, et d'autant plus belle que pour se maintenir, il lui aura fallu faire de plus grands efforts et de plus grands sacrifices. Les sujets ne manquent pas et l'histoire sainte offre à chaque page des sujets aussi variés qu'édifiants, comme dans la personne du Sauveur il trouvera des leçons, des exemples et un modèle pour toutes les circonstances de la vie.

Pour aider l'instituteur dans cette manière d'enseigner, il ne pourra mieux faire que de mettre entre les mains de ses élèves, dès qu'ils sauront lire, l'Histoire sainte, avec des réflexions morales, chez Fouraut, libraire-éditeur, à Paris, rue Saint-André-des-Arts, 47.

Je regarde aussi comme fort utile de ne pas laisser ignorer aux enfants les principaux traits de l'histoire religieuse de leur diocèse. L'intérêt que vous éveillerez par les saints personnages qui ont été les Apôtres de l'Évangile dans telle ou telle province, les fondateurs des institutions, les créateurs des établissements dont les bienfaits se sont perpétués jusqu'à nos jours, ne peut que les affermir dans la foi de leurs pères, dans le respect des pieuses traditions de l'antiquité, et dans leur attachement pour le sol natal.

En procédant ainsi et en accordant par jour une demi-heure à la récitation des prières et du catéchisme, et une demi-heure à l'histoire sainte, l'instituteur est sûr que ses élèves, en passant dans le cours moyen, sauront toutes leurs prières, le catéchisme et les plus grands traits de l'histoire sainte avec la vie de Notre-Seigneur. Ceux qui, arrivés trop tard à l'école, auraient atteint l'époque de leur première communion et ne la fréquenteraient plus, sauraient au moins ce qu'il leur faut pour ce grand acte. La crainte de Dieu, le sentiment de sa présence, la foi en sa providence paternelle, la reconnaissance de ses bienfaits et ces flots de lumière qui doivent éclairer leurs pas : tels seront les fruits que les élèves auront retirés de ces premières leçons données par un instituteur dévoué et pieux.

Ne perdez jamais de vue que dans cet enseignement il n'y a qu'une route à suivre : inspirer aux enfants les sentiments d'une douce piété. La religion qui pénètre le cœur dès l'enfance, prend la teinte heureuse de cet âge et s'allie à ses innocents intérêts. Unie à tous les plaisirs, elle n'a rien de triste; aux études, elle n'a rien d'étroit. La culture intellectuelle et la culture religieuse, obligées de marcher de front, suivent une direction commune et se transmettent un caractère de raison et de sainteté. L'œuvre entière de l'éducation est facilitée. Ce qu'il y a dans l'âme de plus intime, le sentiment religieux, ajoute de la profondeur aux affections de la nature. A peine la religion commence-t-elle à préluder dans le cœur, que, déjà fidèle à son beau nom, elle lie. Cette chaîne qui attire les hommes à Dieu vous ramène aussi vos élèves. Un sentiment de respect plus prononcé les soumet à votre autorité et adoucit chez eux l'impression de vos rigueurs mêmes, en leur persuadant que vous n'êtes pas libre et qu'une sévérité nécessaire est l'effet de votre obéissance à la loi commune. Vous êtes les représentants des parents, et par là ceux de Dieu que vous adorez avec eux; et de l'auguste idée d'un Père céleste il redescend sur celle des parents, et par conséquent sur vous, je ne sais quoi de sacré que l'imperfection humaine ne peut pas détruire

Lecture. — La lecture est avant tout une opération intellectuelle et elle n'a de prix qu'à ce titre. Or, que voit-on généralement dans les écoles pour apprendre à lire? Une collection et souvent plusieurs collections de tableaux de lecture, sur lesquels on traînera les pauvres enfants, à travers toutes les difficultés, jusqu'à la fin de la collection qui comprend une vingtaine de tableaux. Je le dis avec conviction et par expérience, rien n'est moins propre à exercer l'intelligence; l'enseignement au moyen de ces tableaux est si sec, si froid et c'est avec raison qu'un jeune enfant regrette les moments de récréation et de joie que cette insipide occupation lui dérobe.

L'enseignement de la lecture par l'alphabet et l'épellation n'est pas moins défectueux pour exercer l'intelligence qu'il est peu rationnel pour acquérir l'art même de la lecture. Enseigner à lire à un enfant au moyen de ces tableaux, c'est détourner son jeune esprit de la voie de l'analyse et lui donner de bonne heure l'habitude de croire et de répéter, au lieu de réfléchir. « La mémoire seule, dit Destutt de Tracy, peut servir à cette étude ; aucun raisonnement ne peut guider ; au contraire, il faut à tout moment faire le sacrifice de son bon sens, renoncer à toute analogie, à toute déduction, pour suivre aveuglément l'usage établi. »

Malgré cela on suivra encore longtemps cette routine. Mais alors qu'on abrège ces tableaux le plus qu'on pourra et que ce soit toujours l'instituteur lui-même qui donne les premières leçons de lecture et jamais les moniteurs; il y aura alors moins de peine pour les enfants et une grande perte de temps de moins pour eux et pour l'instituteur. J'ai connu des instituteurs, admirables par leur patience, leur bonté, leur indulgente fermeté, qui obtenaient encore d'assez bons résultats au moyen de ces tableaux; mais, hélas! combien n'en ai-je pas entendu qui se plaignaient de ce système et qui me demandaient des conseils et d'autres méthodes pour inculquer aux jeunes enfants la connaissance des lettres et des syllabes, afin de les conduire, par le procédé le plus expéditif et le plus intelligent, au premier degré de l'art de la lecture! Cet art consiste à pouvoir prononcer les mots à livre ouvert, à élever promptement les enfants au second degré qui est l'objet essentiel : saisir et suivre avec la rapidité du coup d'œil les idées exprimées par les mots. De toutes les méthodes, celles de Néel, mais surtout la méthode phonomimique de M. Grosselin, ont donné les meilleurs résultats. J'ai vu des instituteurs, des institutrices et des directrices de salles d'asile, apprendre à lire aux enfants dans l'espace de deux mois. Le procédé de M. Grosselin consiste essentiellement à faire accompagner l'émission des sons et la préparation des articulations, de certains mouvements de la main. L'image dans la méthode phonomimique, devient une sorte de personnification des éléments phonétiques; mais c'est surtout le geste qui joue le plus grand rôle; il accompagne le son et la forme et sert efficacement la mémoire. Ces mouvements qui représentent chacun des sons, chacune des articulations, éléments de la parole, n'ont pas été pris au hasard ; on s'est déterminé dans le choix par certaines analogies qui en ont fait des procédés mnémotechniques. Mais nous ne voulons prendre parti pour aucun des systèmes que nous venons d'indiquer ; nous laissons à l'instituteur le soin d'étudier les dispositions de ses élèves, la nature de son profond esprit et de choisir en connaissance de cause. Tout ce que nous recommandons, c'est qu'il donne lui-même les premières leçons de lecture ; qu'il emploie la méthode qui consiste à donner la dénomination de be, ce, de, fe, etc., etc., dont les noms approchent beaucoup des articulations qu'ils représentent généralement, ou la méthode phonétique qui est plus logique, plus intelligente et par conséquent plus intéressante. En effet, elle met en évidence le principe de la représentation alphabétique et conduit l'enfant de la valeur des lettres à la prononciation des mots ; elle ne surcharge point la mémoire, parce que la connaissance des éléments vocaux, qui sont comparativement peu nombreux, suffit pour donner à l'élève le moyen de lire facilement et rapidement. Mais qu'après cette partie mécanique il ne perde pas de vue la partie intellectuelle, c'est-à-dire qu'il explique le sens de chaque mot et de chaque phrase. De cette manière l'enfant associera les idées à leurs signes écrits, ce qui hâtera ses progrès dans l'art de la lecture et il ne prendra pas l'habitude de prononcer en lisant sans attacher à chaque mot sa véritable signification.

Dès que l'enfant commence à lire un peu couramment, on lui mettra entre les mains un de ces petits livres simples, faciles, à sa portée et qui peut contribuer avant tout à son développement moral et intellectuel : les Premières lectures de l'enfance par Thèze, ou le Petit livre de l'enfance par Delapalme. Ici il faudra veiller avec soin à ce que l'enfant acquière une prononciation nette, l'intonation la plus juste et la plus propre, la nuance de voix la mieux appropriée à l'idée, en un mot qu'il lise avec expression. La chose aura été rendue facile si dès le commencement on lui a expliqué le sens de chaque mot, de chaque phrase et si on continue à lui expliquer le sujet qu'il lit. J'ai toujours remarqué que ce qui retenait les enfants à lire comme on parle, était une certaine timidité, une fausse honte qui n'ose pas manifester au dehors les sentiments intimes dont leur cœur est rempli. J'ai fait lire une ou deux fois par semaine tous les élèves ensemble, mêlant les grands avec les petits, lisant d'abord moi-même le morceau devant eux, et je réussis de cette manière à vaincre leur gaucherie et à obtenir une lecture convenable et intéressante. Je finissais en attirant la conversation sur ce qu'ils avaient lu et j'éclaircissais la pensée de l'auteur par des questions et des observations judicieuses. Chaque phrase, même chaque mot devenait un point de départ pour explorer des sujets intéressants De cette manière, l'esprit des élèves s'enrichissait d'enseignements utiles, je les accoutumais à réfléchir sur ce qu'ils lisaient et je remarquais qu'ils retenaient aisément ce qu'ils lisaient avec plaisir. Ces petits livres une fois bien sus, et ce n'était pas long, je leur en donnais un plus sérieux. A ce sujet je ne puis m'empêcher de faire une observation sur les livres de lecture dont il existe aujourd'hui un très grand nombre, mais presque tous à l'usage des garçons et qu'on met indistinctement entre les mains des filles. Or, en examinant ces ouvrages on voit que ce sont pour la plupart des traités d'agriculture, de véritables encyclopédies et on semble s'être proposé pour but d'enseigner aux enfants toutes les sciences possibles. Sans doute la lecture, comme nous l'avons dit, doit contribuer à augmenter et à développer l'intelligence des enfants et à leur communiquer des choses utiles, mais il ne faut pas qu'elle dégénère en un résumé sec et froid de connaissances usuelles, ou en une nomenclature aride de termes scientifiques. Il faut avant tout que le livre soit intéressant, tant à la forme qu'au fond, et qu'il ait plutôt en vue l'éducation que l'instruction. Or, comme l'éducation des femmes diffère sous beaucoup de rapports de celle des hommes il faut nécessairement mettre entre les mains des jeunes filles un livre qui se rapporte à leur destination. Nous recommanderons les Lectures choisies pour jeunes filles et pour les garçons les Lectures variées, deux ouvrages publiés par la librairie Fouraut de Paris, dont plusieurs éditions successives et des comptes-rendus élogieux ont constaté la valeur. Les deux ouvrages, outre le mérite du choix des morceaux, conduisent les enfants par des exercices variés et intéressants à la connaissance de la langue. On les habitue à narrer les principaux faits qu'ils lisent, à décrire les personnes et les lieux remarquables; pour donner à cet exercice une tendance morale, ils s'étendent sur les traits vertueux et sur la description des plus nobles caractères. Ces exercices, qui se trouvent après chaque morceau, tout en faisant de l'enfant un lecteur sérieux, lui enseignent aussi à condenser, à arranger ses idées, et à s'approprier tout ce qu'il y a de bon dans ce qu'il lit; ils exercent son attention, sa mémoire, son imagination, son jugement et lui assurent enfin une grande abondance et une grande facilité d'élocution, but auquel doit tendre un bon enseignement de la lecture.

On ne peut jeter trop d'intérêt dans les livres qu'on met entre les mains des enfants, si l'on veut leur donner le goût de la lecture avec l'amour de l'étude qu'il faut surtout encourager. On peut affirmer sans craindre de contradiction, que c'est après leur sortie des écoles, et principalement par la lecture, que la plupart des gens instruits ont acquis les connaissances qu'ils possèdent dans les différentes branches de la littérature et des sciences. Si les parents était pleinement convaincus de cette vérité, et s'ils encourageaient la curiosité naturelle de leurs enfants, un petit nombre d'ouvrages choisis suffiraient pour leur donner le moyen de s'instruire eux-mêmes dans la maison paternelle, de perfectionner leur instruction et d'occuper leurs loisirs d'une manière utile et agréable. Du reste les communes sont pourvues presque partout d'une bibliothèque scolaire, sous la garde de l'instituteur, où chacun peut aller puiser gratuitement les connaissances nécessaires à sa profession et se procurer des livres utiles, intéressants, variés et instructifs. Vous verriez alors dans les longues soirées de l'hiver, dans les veillées, le fils ou la jeune fille de la maison, faire une lecture à haute voix dans des ouvrages où l'instruction est habilement combinée avec le plaisir. Vous dirigerez leur choix sur des sujets les plus utiles et les plus intéressants, parmi lesquels vous compterez les traits de bienfaisance, de courage, de charité et d'autres vertus ; sur les contes moraux où les faits historiques représentent les vertus qui sont le plus facilement inculquées par l'exemple ; sur l'histoire naturelle, les voyages sur terre et sur mer, les biographies d'hommes éminents, surtout ceux qui se sont élevés par eux-mêmes et qui ont été les bienfaiteurs de l'humanité par leurs découvertes, leurs inventions, leur industrie persévérante ou leurs actions vertueuses. Les dimanches, consacrés à la prière et au repos, ne seraient plus alors profanés par les travaux de tout genre. Le père, la mère, les fils, les filles, les serviteurs et les servantes, possédant le goût de la lecture et de l'étude, emploieraient leurs moments de repos, après l'accomplissement de leurs devoirs religieux, à faire une bonne lecture qui leur offrirait d'utiles leçons de morale, de persévérance, de fermeté et de philanthropie, au lieu de les employer (pour ne pas rester inoccupés, comme ils disent), à des travaux manuels qui ruinent leur âme et leur corps. Ces lectures morales, instructives, ces histoires d'hommes sages et bons, seront meilleures que la plus belle dissertation sur la sagesse et la bonté. De l'admiration à la pratique de la vertu, le passage est rapide, et en lisant les récits d'actions nobles et généreuses, ils prendront plaisir également à les accomplir eux-mêmes. Vous ne les verrez plus alors rechercher le mauvais petit journal, menteur et cupide que pousse l'intérêt, qu'aveugle l'esprit de parti, qui venant chaque jour, frapper sur les convictions les mieux affermies, les ébranle, les entame et finit par les culbuter complètement. Les vérités les plus respectées, il vient à bout de les affaiblir ; les préventions les plus stupides, il les accrédite peu à peu ; il invente des fantômes dont on a peur ; il bâtit des moulins à vent contre lesquels on s'escrime ; il jette des mots creux qui excitent l'enthousiasme ou la colère, et les plus fiers se laissent encore traîner à sa remorque. Mais vous vous élèverez avec toute votre énergie contre le feuilleton dont la profusion et la circulation est une chose qui navre et qui épouvante tout homme de bien. La grande dame en amuse son oisiveté, le pauvre artisan lui sacrifie plus d'une fois ses heures de travail, l'homme affairé s'y délasse, la jeune fille et l'écolier se cachent pour y perdre le goût de l'étude, leur innocence, leur avenir, leur salut.

Vous proscrirez ces funestes lectures dans lesquelles soit ignorance, soit hostilité positive, tout ce qui est respectable est présenté sous un jour contradictoire, malveillant ou sceptique et qui déprécient la religion quand elles ne la ruinent pas tout à fait dans l'âme des jeunes gens. Ce n'est pas toujours, ce n'est même que rarement une guerre ouverte, mais c'est un ensemble tellement soutenu de préventions, de mensonges, de sarcasmes, de doutes, d'insinuations et d'antipathies qu'il frappe et désole tous les esprits graves et toutes les âmes honnêtes. Voilà des lectures contre lesquelles il faut prémunir vos élèves et empêcher les ravages d'exercer leurs funestes effets sur ces âmes ingénues, sur l'esprit et le cœur de la portion la plus impressionnable et la plus faible de la société, le peuple, les enfants, les femmes !

Écriture. — L'écriture peut être enseignée avant la lecture, car la main de l'enfant est capable de former les quelques lignes droites et courbes qui sont l'objet de l'écriture, avant que sa voix puisse proférer tous les sons et toutes les articulations d'une langue. On peut donc la commencer de bonne heure, car elle satisfait le penchant naturel de l'enfant pour l'imitation et présente peu de difficultés, les lettres étant invariables dans leurs formes, et si l'élève, comme nous l'indiquerons plus loin, a été exercé de bonne heure au dessin linéaire ou à l'esquisse des figures géométriques, il réussira promptement à former les lettres, qui ne sont que des modifications de ces figures ; cette esquisse des lettres sera d'ailleurs encore un moyen facile et intéressant d'apprendre l'alphabet.

Les méthodes d'écriture sont bien nombreuses, on pourrait presque dire que chaque instituteur a la sienne. Les plus répandues sont celles de Taupier, Taiclet Colombel, Godchaux, Flamant, Clerget, etc. Tous ces auteurs ont composé pour les élèves des cahiers, où les modèles se trouvent placés en tête des pages et constituent ainsi en même temps que la méthode, le procédé d'applications. Mais quelle que soit la méthode que l'instituteur suit, il faut pour obtenir les résultats qu'il en attend, qu'il se pénètre bien des principes de cette méthode afin de les appliquer en connaissance de cause et selon les règles générales de la pédagogie. Nous ferons seulement observer que l'écriture, n'étant pas cultivée pour elle-même, mais simplement comme instrument de communication, il n'est pas nécessaire de viser à une grande perfection d'exécution, il faut seulement tâcher d'arriver à la rapidité et à la clarté, ce qu'on ne cherche pas toujours à obtenir.

Que l'on commence par le calque, par l'ardoise ou par le cahier, l'instituteur a à faire à ses élèves les recommandations générales suivantes : ne pas appuyer la poitrine contre la table; que l'avant-bras gauche ne soit pas parallèle à la table, mais qu'il ait une position oblique et naturelle. Une position contraire occasionnerait, chez les jeunes filles surtout, une déformation de la taille et les exposerait à avoir l'épaule gauche plus basse que l'épaule droite. Quand la position du corps sera bien comprise et observée, ce qui est un point important, non seulement pour le progrès dans l'écriture, mais parce que si elle n'est pas suivie, elle peut compromettre gravement la santé des jeunes enfants dont les organes encore faibles ont besoin de ménagement, on leur montrera la position du papier, du cahier, la manière de tenir la plume, les pieds et les mains et celle d'exécuter les pleins, les déliés et les liaisons. Ces explications doivent se faire devant toute la classe et au moyen du tableau noir et chaque fois au commencement ou pendant la leçon, si l'instituteur a remarqué que ses prescriptions n'étaient pas assez comprises ou observées. Il est important qu'il passe chaque jour auprès de tous ses élèves pour leur donner des conseils, pour corriger les fautes, pour stimuler leur ardeur ou pour la ralentir; car laisser les élèves écrire sans les surveiller, sans corriger les défectuosités de leur travail, c'est les exposer à une écriture négligée, défectueuse et même au découragement; tandis que rien ne stimule les enfants comme la constante sollicitude de l'instituteur pour leurs progrès. Si la classe devait être trop nombreuse, il commencerait sa visite aujourd'hui à tel banc, demain à un autre et ainsi de suite, afin qu'il puisse de cette manière voir ses élèves au moins deux ou trois fois par semaine et laisser toujours des traces de son passage sur leurs cahiers.

Combien ne voit-on pas dans les écoles encore de doigts crispés, de mains alourdies, parce qu'on n'a pas surveillé les enfants et aussi parce qu'on les a laissés dès le commencement et trop longtemps exécuter des bâtons et des lettres de grande dimension; car pour obtenir le plein de la grosse écriture, ils sont obligés de presser fortement sur la plume et cette pression ne fait qu'augmenter la disposition si grande à trop appuyer sur la plume et à la trop serrer entre les doigts. Il ne faut donc pas leur donner à imiter longtemps la grosse écriture, mais tâcher d'arriver promptement à l'écriture des devoirs, en leur faisant répéter, en petite écriture moyenne, les mêmes exercices que ceux qu'ils viennent d'exécuter dans une plus grande dimension. Ils acquerront alors cette légèreté et cette vivacité de mouvements qui peuvent seules rendre l'écriture facile et sûre, et qui doit encore plus préoccuper l'instituteur que la perfection de la forme. Ils arriveront ainsi au plus tôt à l'expédiée, cette écriture courante, la seule propre aux devoirs et aux dictées On ne verra plus alors tant d'écoles où l'on écrit le mieux calligraphiquement et où l'orthographe laisse le plus à désirer, pour la raison toute simple que plus on donne de temps à la calligraphie, moins il en reste

6.

pour les dictées. On fait aussi écrire longtemps les mêmes mots, les mêmes phrases sans le plus souvent en expliquer le sens.

En dernier lieu, que l'instituteur veille sur les élèves de cette division surtout, à ce qu'ils écrivent tous leurs devoirs lisiblement, proprement et même avec une certaine élégance; à cette condition il pourra fort restreindre les leçons de calligraphie proprement dite. Les élèves en écriront mieux, et le temps qu'il gagnera ainsi sera employé au profit de l'orthographe et du dessin linéaire.

Si je n'ai pas parlé du choix des textes des modèles. c'est que les auteurs des cahiers les ont choisis généralement d'une manière judicieuse. afin qu'ils deviennent un moyen d'éducation et qu'ils contribuent, comme toutes les autres branches de l'enseignement, à la culture intellectuelle et morale. Mai là où l'instituteur prépare lui-même les modèles, je ne saurais jamais assez lui recommander de les choisir de manière à ce qu'ils renferment des textes propres, non seulement à acquérir les idées et éclairer la conscience, mais encore à former le cœur et à élever l'âme. Ces textes bien lus, bien expliqués, copiés plusieurs fois, exerceront une heureuse influence sur le cœur des enfants, surtout à cet âge où les impressions sont encore très vives et la leçon d'écriture sera ainsi ce qu'elle doit être : une leçon d'intelligence et de morale.

Langue française. — Nous avons fait voir dans un

des chapitres précédents de quelle manière la langue française était enseignée dans le cours élémentaire, et nous avons critiqué la méthode qu'on emploie. Que doit donc être cet enseignement pour le plus grand profit de ces jeunes élèves? Tous les grammairiens définissent l'enseignement de la grammaire : l'art de parler et d'écrire correctement. Nous suivrons cette marche en apprenant d'abord aux enfants à parler. Pour cela, nous commencerons par la méthode intuitive, ou exercices de langage et d'intelligence, telle qu'elle fut introduite en Alsace, en 1835, par M. Vivien, alors directeur de l'école normale de Strasbourg, et qu'on désigne aujourd'hui, en France, sous le nom de Leçons de choses. Cette méthode, dont nous parlerons plus loin et en détail, est la plus apte à développer les facultés intellectuelles des enfants et à les rendre habiles à manier l'idiome national; nous ne leur mettrons par conséquent entre les mains ni grammaire, ni exercices grammaticaux ou lexicologiques quelconques, qui ne puissent en aucune manière développer leur jugement; mais nous leur apprendrons à lire dans le livre de la nature sans cesse ouvert devant eux et nous leur ferons épeler ses merveilles. Ce sera donc par un exercice judicieux de leurs facultés sensitives, que nous chercherons à leur faire acquérir des notions claires des choses, à les préparer à connaître les mots et à raisonner avec justesse. C'est par ces exercices, c'est-à-dire par l'intuition, que nous ferons arriver les idées à leur esprit, car ce n'est que par elles que les mots acquièrent une valeur. Comme ces mots seront toujours accompagnés des notions qu'ils désignent, les enfants acquerront des habitudes de clarté et seront dans la suite moins sujets à errer en recevant ou en communiquant des idées. Ces exercices présenteront plus d'intérêt et se graveront mieux dans la mémoire que des mots arides, des définitions techniques, incompréhensibles, qu'on leur fait apprendre par cœur.

Ils n'auront donc pas de grammaire entre les mains, ils la feront eux-mêmes et elle ne leur sera enseignée, comme le prescrivait l'article 13 du règlement pour les écoles de l'Alsace, que par l'usage et les exercices de langage, seul moyen de développer leur intelligence et d'étendre la connaissance pratique de la langue. En ceci nous suivons la méthode du père Girard qui recommande d'apprendre aux enfants « à penser, à faire servir les mots pour la pensée et les pensées pour le cœur et la vie. » La langue est-elle autre chose que l'expression de la pensée? C'est donc en cultivant la pensée qu'il faut en développer et régulariser l'expression. Il n'y a pas d'autre moyen. Et qu'on ne vienne pas nous dire qu'un enseignement fondé sur l'exercice gradué de l'intelligence n'est pas fait pour des enfants; car c'est comme si l'on disait qu'il leur est plus difficile de comprendre ce qui offre un sens que ce qui n'en offre aucun.

Nous entrons aussi dans les vues des Ministres de

l'Instruction publique dont l'un, M. Rouland, dans une circulaire datée du 20 août 1859, disait à MM. les Recteurs : « Point de fantasmagorie de mots avec les petits enfants; s'il est possible même, point de grammaire entre leurs mains. Faire apprendre par cœur des formules abstraites à des enfants qui sortiront de l'école pour manier la bêche ou le rabot, c'est à plaisir et sans résultats heurter les instincts des familles. » Le 6 octobre 1867, M. Duruy, autre Ministre de l'Instruction publique, disait, dans une circulaire adressée aux mêmes : « L'enseignement primaire, en beaucoup de lieux, est plus mécanique que rationnelle. C'est ce qui explique jusqu'à un certain point, le long séjour, trop souvent infructueux, que font les enfants dans les écoles. » Ce reproche était amer, mais il était mérité.

Voilà pour la langue parlée. Quant à la langue écrite, nous conseillons de procéder de la manière suivante. Comme l'orthographe usuelle est plus importante que l'orthographe de règles ou grammaticale, il faut commencer par la première. Dès que l'enfant connaît une lettre, il faut la lui faire copier, soit du tableau de lecture, soit de son livre. Quand il saura la copier sans hésitation et qu'il la distingue de la lettre imprimée, on la lui dicte au tableau noir par un moniteur. Le tableau de lecture ou le petit livre placé dans un encadrement, étant suspendu à un clou à la gauche du tableau noir, dites à un enfant, en désignant la lettre *o* : Comment se nomme cette lettre? Réponse : *o*. Regardez, je vais tracer sur le tableau noir une lettre qui ressemble à celle-là et qui s'appelle aussi *o*; tenez, regardez bien comment elle se fait. Qui peut maintenant aussi faire un *o*? Vous verrez des enfants qui lèveront la main pour demander à essayer de faire cette lettre, encouragez-les. Montrez-moi maintenant un *o* sur le tableau de lecture. — Bien; écrivez-le sur le tableau noir. — Comment s'appelle cette lettre? Réponse : *o*. — Bien. — Montrez-moi un *o* sur le tableau de lecture. — Bien. — Encore un. — C'est bien. — Encore un. — Très bien. Si tous savent bien copier et reproduire cette lettre, vous passerez à la lettre *a* en suivant le même procédé, c'est-à-dire que vous ferez toujours *montrer* d'abord, *lire* et *copier* ensuite. Dans une autre séance vous ne leur montrerez plus la lettre, mais vous la leur dicterez. Ce n'est que dans le cas où ils ne s'en rappelleraient plus que vous la leur feriez voir sur le tableau de lecture. On continue ainsi pour chaque lettre, puis pour chaque syllabe et enfin pour chaque mot, pour chaque phrase, mais le sens de ces deux derniers, sera toujours clairement et simplement expliqué. De cette manière, chaque leçon de lecture est *lue, copiée, dictée* et *expliquée*.

Nous sommes heureux de nous trouver en communauté d'idées avec le Frère Albert, instituteur des plus distingués qui, dans son rapport sur l'Exposition scolaire de Beauvais, s'exprimait ainsi : « Dans un cours élémentaire, nous avons rencontré les dictées, mises au net aussitôt la correction. Ce travail se fait généralement partout ainsi. Cependant, ne serait-il pas possible de le rendre plus utile encore? Ces petits bébés avaient trop de fautes dans le premier exercice. Qu'eût-il fallu faire pour les diminuer? Faire converger la leçon de lecture et celle d'orthographe. Si ces enfants avaient pris la plume pour copier ou écrire sous la dictée les mots précédemment lus et épelés, certainement ils eussent fait moins de fautes et la leçon eût été plus profitable. »

En faisant ainsi agir les enfants par eux-mêmes, vous donnerez à leur besoin d'action une occasion légitime de se satisfaire. En s'exerçant ainsi tous les jours, ils croiront créer en quelque sorte les mots qu'ils écriront; ce seront pour eux comme autant de découvertes, comme autant de prises de possession, et le plaisir qu'ils en ressentent les excite utilement. Quand ils seront arrivés à la fin de leur méthode de lecture et que vous leur aurez ainsi dicté tous les tableaux ou le petit livre qui les renferme, vous pourrez commencer les dictées proprement dites. Celles-ci devront être faites avec méthode, d'après un plan raisonné et non au hasard et sans suite. Ce seront des phrases simples, claires, bien choisies, renfermant en général un sens moral, courtes, car les élèves de sept à huit ans ne parlent encore que par propositions composées de peu d'idées, ou par phrases qui expriment toutefois deux pensées, mais peu compliquées et d'une facile construction. Elles ne présenteront que la seule règle sur laquelle vous voudrez exercer vos élèves. Cette règle leur sera expliquée préalablement par des exemples et vous la leur ferez alors comprendre par une série d'exercices jusqu'à parfaite intelligence du texte. Ces dictées graduées avec discernement, analysées au point de vue des idées, du sens des mots et de l'orthographe, devront toujours être corrigées avec soin et copiées. Nous croyons rendre service aux instituteurs en leur indiquant le Cours complet et gradué de dictées avec exercices, composé par l'auteur et publié par la maison Fouraut, de Paris. Les nombreuses éditions qui en ont été faites, et la médaille de bronze que lui a décernée la Société des anciens élèves de l'école normale de Versailles, démontrent mieux que nous pouvons et voulons le dire, l'excellence de cet ouvrage.

Voulez-vous maintenant exercer vos élèves sur la conjugaison des verbes, rien n'empêche que vous leur donniez à faire au commencement un temps, plus tard deux ou trois : le présent, le passé, le futur et le conditionnel, ceux dont ils se servent ordinairement le plus à cet âge ; seulement le mot sera parfaitement expliqué et les élèves seront engagés à ajouter à chaque temps, d'abord un mot, puis plusieurs et enfin une proposition entière, mais une autre idée pour chaque temps et jamais le verbe seul, car y a-t-il rien d'aussi dégoûtant que ces arides et interminables paradigmes dont on charge la mémoire des enfants? Ce sont là de véritables squelettes qu'il faut enfin mettre à l'écart. En faisant conjuguer comme nous venons de l'indiquer, vous ferez plaisir à vos élèves, parce qu'ils auront une pensée, et une pensée à varier, et qu'ils auront le sentiment de l'utilité de leur travail. Vous serez souvent étonné des idées que ces jeunes intelligences émettront et des progrès que feront vos élèves dans leur culture intellectuelle, de même que dans l'usage de la langue et de l'orthographe. Inutile de dire que ces devoirs seront toujours exactement corrigés et copiés.

Si nous n'avons pas parlé plus tôt du verbe, sur lequel roule tout ce que nous pensons et disons, et si nous conseillons de ne parler encore que de quatre temps : le présent, le passé, le futur et le conditionnel, c'est que la conjugaison a des formes propres pour la proposition; elle en a d'autres qui ne paraissent que dans la phrase et qui nécessitent ce que nous appelons la concordance des temps. Nous avons donc réservé cet exercice, ces formes dépendantes et subalternes pour le temps où, mieux à leur place dans la phrase, elles pourront être comprises par les élèves. Il serait non seulement inutile, mais nuisible de vouloir les faire entrer avant ce temps dans l'instruction, parce qu'on habituerait ainsi les élèves à se payer de mots et à étouffer l'intelligence par la mémoire.

Dans le cas où vous désirez maintenant mettre entre les mains de vos élèves une grammaire, je n'y vois aucun inconvénient, ne serait-ce que pour qu'ils puissent y trouver un moyen de répéter ce qui leur aura été dit sur les règles de la langue dans les leçons de langage et d'intelligence. Seulement qu'elle soit la plus élémentaire, la plus simple et la moins métaphysique possible, et ajournez tout ce qui vous paraîtra pour le moment encore hors de la portée de vos élèves. N'oubliez pas à cette occasion ce que disait il y a longtemps la saine didactique : « Peu de règles, beaucoup d'exercices »

Les dictées méthodiques, qui sont une véritable grammaire en action, seront remplacées de temps en temps par des dictées libres qui, en même temps qu'elles consisteront à récapituler les règles de la grammaire et de l'orthographe, serviront à inculquer aux élèves des notions utiles de morale, d'histoire, de géographie. d'histoire naturelle, d'hygiène et d'agriculture. Les élèves sont pourvus des livres que nous avons indiqués à l'occasion de la lecture, l'un à l'usage des garçons, l'autre à celui des filles. Vous ferez lire un morceau ou un fragment de morceau que vous dicterez ensuite à vos élèves ; la dictée faite, ceux-ci font un échange mutuel de leurs cahiers ; chacun se guidant sur son livre, signale par un petit trait les fautes de son condisciple, puis reprend son propre devoir et le corrige alors lui-même, toujours d'après son livre, aux endroits signalés. Vous passez en revue leurs cahiers et chaque élève est obligé de rendre compte de la faute qu'il a commise et qui lui est expliquée de manière qu'il puisse l'éviter à l'avenir. « Avec cette nouvelle manière d'enseigner la langue, l'élève même le plus faible de la classe, se voyant en état de produire, avec plus ou moins d'efforts, un travail parfait, lit et relit le sujet à dicter ou, pour les plus avancés, le chapitre dans lequel la dictée sera prise ; ainsi l'élève est poussé à lire, et celui qui a lu lira, dit-on ; insensiblement il prend goût à la lecture, il lit pendant la récréation, il lit à domicile et finalement contracte l'habitude de la lecture, non plus cette fois pour faire une dictée sans faute, mais pour acquérir des connaissances utiles. » *(L'Abeille de Bruxelles.)*

Nous pourrions citer une foule de témoignages d'instituteurs et d'institutrices, qui appliquaient cette méthode, que nous avions expérimentée dans nombre d'écoles et de familles, et exposée et recommandée dans nos conférences pédagogiques. Nous nous bornons à l'extrait suivant, adressé par un instituteur au *Journal des Instituteurs* pour faire connaître ce système à tous ses collègues. Voici comment il s'exprime : « Dès qu'on a vu dans ma classe que je continuais à dicter la suite du morceau, l'attention des élèves a redoublé pendant la lecture et l'explication, et le lendemain chacun avait vu la suite et s'en vantait à ses camarades avec l'assurance de faire peu ou point de fautes. Aussi les progrès en orthographe ont dépassé toutes mes espérances et le nombre de prêts dans ma bibliothèque a sensiblement augmenté. »

Viennent ensuite les exercices variés indiqués à la fin de chaque morceau qui, après avoir été faits verbalement, devront être l'objet de devoirs écrits. Par ces exercices, les enfants sont appelés à faire entrer les mots dont on leur a toujours expliqué le sens, dans une proposition ou dans une phrase de leur choix, à inventer de leur propre fond et à produire à leur tour quelque chose d'analogue à la leçon qu'ils ont reçue. Ce ne sera d'abord qu'un nom, un adjectif ou un verbe et ce n'est que de cette manière qu'ils feront voir s'ils en saisissent le sens ou non, et vous le leur apprendrez au besoin. En tout cela ils n'auront encore que des fragments de compositions, et c'est bien ainsi qu'il faut commencer. Ceux qui arriveront au cours supérieur feront alors des compositions proprement dites, dont vous donnerez les sujets. Ceux qui ne pourront pas y arriver, sauront au moins penser, parler et écrire avec ordre, suite, connexité et conséquence, et se servir avantageusement et correctement de leur langue dans toutes les occasions de la vie.

Calcul et système métrique. — L'enfant, en arrivant à l'école, a déjà des notions vagues d'unité, de nombre et de grandeur. Il connaît peut-être même les premiers termes de la série des nombres. Il aura compté avec ses frères et sœurs les petits poussins, les petits canetons que ses parents lui avaient donné à garder, les moutons qu'on a confiés le matin au berger et qu'il ramène le soir ; les billes qu'on lui a données lorsqu'il aura été sage, qu'il a gagnées ou perdues avec ses petits camarades ; les sous qu'il a confiés à sa tirelire ; il ne se contente pas de son petit jouet, il en veut un grand comme celui dont se sert son père, il sait que la cour de ses parents est plus grande ou plus petite que celle de leur voisin. L'instituteur n'aura donc qu'à préciser ces notions et à s'appuyer déjà sur elles dans ses leçons.

Si jusqu'ici nous avons toujours recommandé de s'appuyer sur l'intuition, nous pouvons en appliquer facilement le principe à cette branche de l'enseignement. En effet, comment procèdent les maîtres pour être fidèles à ce principe ? Les uns font compter leurs élèves sur les doigts, avec des boutons, des pois, des haricots, des jetons, des centimes ; les autres se servent du boulier qui commence à être généralement répandu. Tous ces procédés sont assurément bons, mais défectueux, incomplets, quelques-uns dangereux et le boulier est dispendieux. Nous pourrons éviter tous ces inconvénients en nous servant de la craie et du tableau noir ; nous n'avons qu'à suivre la méthode rationnelle de calcul oral (partie du maître), publiée par la librairie Fouraut de Paris.

C'est dans cet enseignement qu'il ne faut pas aller vite et le proverbe : « Se hâter lentement », trouve bien ici son application. Vous apprendrez donc aux enfants à compter jusqu'à 9, vous leur ferez bien comprendre ce que l'on entend par une dizaine et quelle est sa valeur ; puis vous les ferez compter par dizaines comme ils ont compté par unités, jusqu'à la centaine que vous ne dépasserez que quand tous sauront compter ou calculer promptement et facilement, en composant et en analysant des nombres avec une, deux ou trois dizaines et des unités en plus. Vous leur expliquerez de même ce que l'on entend par une centaine. Vous ferez les mêmes exercices de composition et de décomposition que pour les dizaines et vous ne quitterez cet exercice que quand il sera bien compris, car tout dépendra de ce point et le reste de la numération ne présentera plus de difficultés.

Si vous avez suivi exactement les principes de la méthode et si vous l'avez appliquée dans toute son étendue, vos élèves sauront compter, lire et écrire les nombres jusqu'à mille. Dès lors le plus difficile aura été fait et vous pourrez commencer le système des fractions décimales qui est la base du système métrique, et n'est lui-même que la conséquence de la numération ordinaire que vous pouvez leur enseigner en même temps qu'elle. L'essentiel est de la leur bien inculquer, car une fois bien comprise, tout devient facile. Seulement gardez-vous d'une faute que l'on commet volontiers, celle de faire porter les premières opérations sur des nombres trop grands et sur des nombres abstraits. Vos élèves répugneraient à cet enseignement qui ne serait pour eux ni facile, ni intéressant, ni utile. Evitez aussi une faute qui consiste à ne pas savoir se borner à un mécanisme du calcul et à vouloir tout démontrer minutieusement ; par ce moyen vos élèves n'apprendront à calculer que par mémoire et ils oublieront facilement ce que vous leur aurez enseigné, ou bien, s'ils retiennent les procédés, ils ne sauront que difficilement les appliquer dans la vie et il vous restera trop peu de temps pour la pratique et pour le calcul oral. Ce dernier exercice, prescrit par tous les règlements scolaires, est d'une grande simplicité au commencement, un excellent moyen d'éducation logique et la meilleure manière d'enseigner aux enfants le calcul usuel, de leur apprendre à résoudre avec facilité et sans le secours de la plume les problèmes qu'amènent les transactions de tous les jours. « Il est bon assurément dit M. Jacquinet, recteur de l'Académie de Nancy, dans son instruction générale pour l'application du plan d'organisation pédagogique des écoles de son ressort, d'exercer de bonne heure les enfants au tableau noir, mais il est encore mieux de les exercer d'abord au calcul mental, en leur proposant de petites opérations très simples, puis plus compliquées, qu'ils devront résoudre de tête. Il est impossible, en effet, de faire saisir et retenir aux enfants l'explication la plus élémentaire de l'arithmétique, si on ne les a pas rompus préalablement par la pratique aux premiers exercices du calcul de tête. C'est un enseignement auquel toute la classe prend part, enseignement vivant, animé, qui intéresse et amuse les enfants, et qui, s'il est donné avec méthode, développe beaucoup leur intelligence et facilite singulièrement l'enseignement du calcul écrit.

« Le calcul mental est d'ailleurs, on le sait, de la plus grande nécessité dans l'usage de la vie. Les mères de nos jeunes élèves, dans leur ménage, leurs pères, au marché, ont bien plus souvent l'occasion de calculer de tête que par écrit. Les maîtres feront donc bien de consacrer au moins dix minutes par leçon d'arithmétique, *dans toutes les divisions,* aux exercices de calcul mental. »

Si cet enseignement, tant recommandé, est si important, comment expliquer son absence dans un grand nombre d'écoles? Nous avons donné l'explication de cet oubli plus haut et il faut bien le dire qu'un ouvrage de ce genre manquait aussi. Aujourd'hui cette lacune est comblée, et comme nous avons indiqué ci-dessus la partie du maître, vous pouvez mettre entre les mains de vos élèves, la partie de l'élève. Ce petit volume était entre les mains des enfants des écoles de l'Académie de Strasbourg, dès qu'ils savaient lire, et est aujourd'hui répandu dans les meilleures écoles de la France et de la Belgique. Nous pourrions reproduire ici les éloges adressés à l'auteur par *MM. les Recteurs, Inspecteurs d'Académies, Directeurs d'Écoles normales, Inspecteurs primaires et des Instituteurs,* mais nous nous bornerons à donner un extrait du compte-rendu, publié

dès son apparition dans le *Bulletin académique du Haut et du Bas-Rhin* et des journaux pédagogiques de la capitale : « *La méthode,* tout le monde le sent, est ici l'affaire capitale, la condition essentielle du succès; car les chiffres ont une logique impitoyable, ils ne laissent aucune place au caprice, et l'expérience est là pour prouver victorieusement que le hasard et le tâtonnement frappent de stérilité toute pratique irréfléchie, inspirée par les besoins du moment ou provoquée par des circonstances fortuites. Or, il n'est qu'un seul moyen d'arriver à coup sûr à la découverte d'une bonne méthode de calcul oral, ainsi que des procédés d'application logiques destinés à la féconder, à savoir d'abord l'*Étude intime de la formation des nombres et leur application dans les diverses opérations pratiques, et ensuite la marche du développement que suit l'esprit de l'enfant pour s'en approprier petit à petit les combinaisons et se les rendre familières.* Tout dépend de ce point de vue radical, lequel doit être comme l'âme du travail, le souffle inspirateur de celui qui s'est donné la tâche de guider les maîtres dans l'enseignement en question. L'ouvrage de M. Heinrich est une solution pratique du problème conçu dans l'esprit ci-dessus indiqué. C'est un petit volume de 176 pages, où l'auteur a su concentrer, en 146 leçons parfaitement échelonnées, tout ce qu'il faut pour amener les enfants, dans le moins de temps possible, à exécuter, avec la célérité et l'exactitude désirables, les opérations usuelles de la vie pratique. En tête de chaque leçon se trouvent formulés la règle à suivre, les moyens d'abréviation et de simplification dont il convient de faire usage; ensuite viennent de nombreux exemples d'application, qui gravent le procédé dans la mémoire et finissent bien vite par le rendre familier aux petits calculateurs. M. Heinrich, comme tout juste a fondé sa méthode sur les *procédés intuitifs* et montre, dans l'introduction placée à la tête de son travail (partie du maître) comment le maître peut, sans le secours d'aucun appareil, au moyen de simples traits au bâton tracés au tableau noir, donner à ses élèves une idée nette des nombres et des rapports des divers ordres d'unités dont ils se composent. Il y montre aussi par quelle transition il convient de passer pour arriver au calcul chiffré, qui n'est, en définitive, qu'une forme sensible du calcul oral, dont il suppose nécessairement, quoi qu'on fasse, l'étude préalable. Nous ne pouvons nous empêcher de relever les excellentes choses que nous avons trouvées dans ce bon petit ouvrage, notamment dans les chapitres qui traitent du système métrique, des nombres décimaux, des fractions proprement dites, et des règles de trois, d'intérêts, etc., etc. Nous félicitons de tout cœur l'auteur du sympathique accueil dont le monde scolaire a honoré son utile et consciencieux travail. »

Vous enseignerez aussi le système légal des poids et mesures, mais vous vous garderez bien de toutes ces définitions scientifiques, de ces termes techniques auxquels les petits enfants n'entendent rien et que très souvent vous ne pourrez pas leur expliquer d'une manière claire et nette. Le mieux est d'avoir une collection de poids et mesures comme le compendium de M. Carpentier-Laporte, ou tout au moins la méthode Lœwel que toute commune peut acquérir. A défaut d'un de ces appareils, il faut au moins un tableau représentant les unités du système métrique avec les multiples et sous-multiples. Si vous n'avez ni l'un ni l'autre, vous pourrez toujours vous procurer pour votre leçon un mètre. Expliquez à vos enfants les divisions qui s'y trouvent, faites leur mesurer la longueur de la table, du banc, la largeur, la hauteur, celle de l'ardoise, de leur livre, de leur cahier, de leur règle, la longueur, la largeur de la salle d'école; demandez-leur l'évaluation d'une longueur, d'une hauteur à vue d'œil, faites vérifier et écrire au tableau noir; faites mesurer par les petites filles la longueur de leur pelote de laine, de coton, de fil, la longueur, la largeur de leur tablier, montrez-leur un mètre en pliants, en buis, en corne, à rubans, faites mesurer, évaluer et écrire. Pour leur expliquer les mesures itinéraires, faites les marcher sur la route; faites remarquer et expliquer les bornes hectométriques, kilométriques, les poteaux qui se trouvent à l'intersection de deux routes, les planches clouées sur les maisons à l'entrée et à la sortie du village; qu'ils comptent combien il leur faut de pas pour un mètre, un décamètre, un hectomètre, un kilomètre. Apprenez-leur les quatre mots de déca, hecto, kilo, myria; à lire et à écrire les nombres en changeant d'unités. Quant à l'are, aux surfaces et aux volumes, ce n'est guère dans ce cours qu'on en parle, cependant il peut se trouver que vous soyez obligé d'aborder ces questions. Dans ce cas nous vous conseillons de vous procurer le Démonstrateur métrique que publie la librairie Colin, de Paris, et qui coûte 25 francs. Mais vous trouverez à le faire à bien meilleur marché par un menuisier de votre endroit. Cet instrument qui est un mètre cube sera aussi utile que le mètre, le litre et la chaîne d'arpenteur.

Pour le stère, faites mesurer en leur présence du bois ayant d'abord un mètre de long, puis des bûches plus ou moins longues. Faites de même avec les différentes espèces de litres, avec le décalitre, le double-décalitre; qu'ils mesurent de l'eau, de l'avoine, des lentilles, des pommes de terre, etc.; faites toujours évaluer à vue d'œil, vérifier et écrire le résultat. Pour les poids, si l'école, ce qui serait regrettable, ne possède pas une série de poids et mesures et une balance, procurez-vous pour le moment de votre leçon ces objets chez le boulanger, chez le boucher, ou chez l'épicier, faites peser toutes espèces de choses, évaluer à l'œil, vérifier et écrire. Apprenez-leur à cette occasion qu'on doit donner à chacun ce qui lui est dû; qu'il faut en toute conscience toujours remettre, en échange de l'argent qu'on donne, le poids, la mesure exacte de marchandise qu'on demande; que ceux qui tromperaient sont punis d'un emprisonnement de trois mois à un an et d'une amende qui ne peut être inférieure à 50 francs; le tribunal peut ordonner en outre que le jugement de condamnation sera affiché à la porte du condamné et inséré dans les journaux; que s'ils échappaient à l'œil des hommes, ils n'échapperont pas à l'œil de Dieu qui défend le vol et le punit dans ce monde ou dans l'autre. Dites-leur que tout acheteur a le droit, avant de payer les objets qu'il achète, de vérifier l'exactitude de ce qu'on lui mesure ou pèse. Ils trouveront dans leur petit livre de calcul oral des petites combinaisons qui leur permettront de trouver rapidement le prix correspondant au poids.

Rien n'est plus facile que de les exercer sur les monnaies; habituez-les à bien savoir rendre la monnaie autrement dit l'appoint, seul moyen d'éviter les pertes d'argent et de les épargner aux autres. Quant aux fractions ordinaires, ils trouveront dans leur livre de calcul oral une méthode aussi facile qu'ingénieuse, basée sur l'intuition et adaptée à leur jeune intelligence.

Que dire maintenant des problèmes qu'on donne aux enfants et pour lesquels ils montrent si peu de goût, les jeunes filles surtout? Cela tient à ce qu'on ne sait pas les choisir avec tact et discernement et que la plupart ne sont pas appropriés à l'intelligence des élèves, ni aux questions journalières de la vie et qu'alors les enfants n'y voient pas les applications immédiates aux choses usuelles. Faites travailler les garçons sur des objets d'économie domestique, rurale, faites sentir les avantages des bonnes pratiques en ce genre; ayez soin de leur faire calculer les mauvais résultats économiques que produisent les vices, et relever les suites avantageuses qui résultent pour la fortune et le bien-être d'une conduite régulière et sage. Ces problèmes plairont, car ils auront un but réel et une application immédiate. Mais surtout ne donnez pas les mêmes problèmes aux jeunes filles; tâchez par ceux que vous leur donnerez, d'y introduire cet esprit de calcul qui manque souvent dans les ménages et qui est la cause, d'abord d'une infinité de méprises très nuisibles pour l'économie domestique. et qui, par contre-coup, amène le dérangement des familles, la perte du patrimoine et tous les désordres qui s'en suivent; montrez-leur à établir la balance entre les dépenses et les recettes, les moyens de diminuer les unes et d'augmenter les autres; que chaque problème renferme, soit des conseils sur les achats divers et sur les ventes de toutes sortes, soit sur l'hygiène, sur des recettes de ménage, de médecine domestique pour les préparations culinaires, etc., etc.; les jeunes filles aimeront ces problèmes et les résultats qu'elles en retireront influeront sur le bien-être de la famille et sur les bonnes mœurs de la société. Le Recueil de 1,400 problèmes pour écoles primaires et surtout à l'usage des jeunes filles, avec un volume de problèmes raisonnés et publiés par la librairie Fouraut, de Paris, est composé en vue de ce résultat. Qu'elles se servent de cet ouvrage.

Histoire de France. — Nous avons applaudi, avec tous les amis de l'instruction, quand l'histoire et la géographie ont été rendues obligatoires dans les écoles primaires. En effet, si nous voulons que nos enfants aiment la France, ne faut-il pas leur dire ce qu'elle fut, ce qu'elle est et ce qu'elle pourra être; si nous voulons qu'ils admirent les voies de la Providence, la sublimité du christianisme et sa puissance civilisatrice, ne faut-il pas leur faire connaître comment cette France s'est fondée et agrandie, ces grands hommes, ces saintes femmes qui ont contribué à la placer au premier rang des nations? Quel sera donc son objet dans le premier cours? Elle sera racontée par l'instituteur qui suivra la même marche que celle que nous avons indiquée pour l'histoire sainte.

L'instituteur emploiera donc la leçon orale qui se gravera mieux dans la mémoire des enfants et les intéressera davantage « parce que la parole est une grande séductrice; parce que ce qui s'introduit par l'oreille pénètre bien plus avant dans les cœurs ou dans les esprits que ce dont la mémoire seule fait tous les frais. A l'attention qu'apportent les enfants, au plaisir qu'ils trouvent à entendre parler le maître, l'excellence de cette raison suffirait déjà pour déterminer l'instituteur à l'emploi de la leçon orale; mais il y a un autre motif qui doit contribuer aussi puissamment à user de ce procédé : c'est que lorsqu'on s'appuie, en le faisant, sur le principe de l'intuition, on donne aux enfants, en même temps que l'enseignement intellectuel, un enseignement moral et patriotique au plus haut degré.

« Mais c'est surtout pour les leçons d'histoire faites devant les enfants dans le premier âge, qu'il faut user de toutes les ressources de la pédagogie, recourir à tous les secrets, je dirais volontiers à toutes les ruses du métier ; qu'il faut se faire acteur en quelque sorte et joindre l'action à la parole ; avoir sans cesse la craie ou l'*image* à la main pour parler aux yeux en même temps qu'aux oreilles ; discerner ce qui peut être dit aujourd'hui de ce qui doit être remis au lendemain ou aux années suivantes ; choisir les anecdotes pour y rattacher un grand nom ou un grand fait ; récapituler, se résumer, repasser par les mêmes chemins pour faire la trace plus profonde, pour établir déjà dans les esprits un certain ordre, un certain enchaînement, qui suit une trame toute prête pour les enseignements ultérieurs. » (Brouard, *Conférence sur l'enseignement de l'histoire.*)

Nous conseillons donc au maître de la raconter sur la contemplation d'une bonne collection de tableaux d'images comme celle publiée par la librairie Hachette, de Paris. Elle ne sera pas avant tout une série de faits et de dates ; on n'accablera pas inutilement la mémoire des jeunes élèves de noms propres ; des séries de noms propres et de faits numérotés ne seraient pas plus l'histoire que des noms de villes et de pays, de caps et de détroits ne seraient la géographie. Il ne perdra pas de vue qu'il devra l'enseigner de manière qu'elle exerce la plus salutaire influence sur le cœur de ses jeunes élèves, sur le développement de leur caractère ; et c'est là un point capital, surtout dans ces premières années où le sentiment moral est tant susceptible de recevoir les meilleures impressions. Il leur révélera par elle tout ce qui a droit à leur estime, pour les engager à se conduire en conséquence. Il leur apprendra par elle que les actions coupables, quoique parfois éclatantes, sont marquées du sceau de la réprobation et du mépris général, et dès lors leur cœur se sentira porté à s'enflammer pour tout ce qui est beau et par suite à imiter. Ce ne sera pas une histoire aride et décolorée des *abrégés* et des *précis*, mais le tableau vivant et dramatique des grands hommes avec leur physionomie propre ; ce sera, en variant son enseignement, le procédé par lequel il parviendra à s'emparer puissamment de l'intelligence et du cœur de ses élèves. Il excitera leur curiosité naïve par de simples récits, auxquels il donnera le piquant et la spontanéité d'une causerie ; il saisira leur vive imagination en colorant sa narration de détails animés, de saillantes images. Il ne se bornera pas seulement à enchaîner les faits les uns aux autres dans leur nudité historique, sans intention, sans moralité ; mais il fera ressortir suivant l'occasion, les enseignements religieux et moraux des faits dont elle abonde. Ces faits ne viendront pas s'offrir d'eux-mêmes avec des formules toutes faites et suivant une méthode réglée à l'avance ; « il faut que votre sagacité les fasse sortir, à chaque occasion, des entrailles mêmes de chaque sujet ; qu'elle le dégage de tout ce qui pourrait distraire ou embarrasser l'esprit, et qu'elle l'ajuste aux circonstances spéciales pour lesquelles il convient de le mettre en œuvre. Ce n'est pas trop alors, chez vous, d'une sollicitude toujours en éveil pour l'amélioration morale de vos élèves, d'un tact sûr qui sache quelles cordes vous pouvez faire vibrer dans leur âme, et d'une certaine chaleur de langage qui vienne, non de la tête, mais du cœur, et qui communique à une leçon. destinée d'abord à l'esprit, toute la vivacité d'un sentiment (1). » (Corne.)

Nous ne saurions assez recommander le cours d'histoire de France par M. Hubault, docteur ès-lettres, professeur d'histoire au Lycée Louis-le-Grand. Il comprend trois divisions qui sont indiquées dès les premières pages par l'auteur · « Le bon maître a de la *méthode. de l'équité dans l'esprit et de la chaleur dans le cœur ;* — de la méthode pour se faire bien comprendre et aussi pour donner à l'enfant le sens de l'ordre et du classement des faits ; — de l'équité pour bien juger le passé ; — de la chaleur dans le cœur pour animer le

(1) Librairie Delagrave ; prix : 1 fr 50. Livres du maître pour les cours élémentaire, moyen et supérieur.

récit des belles actions, pour faire naître le sentiment sacré du patriotisme, pour faire goûter la moralité qui découle de l'enseignement de l'histoire. »

Voici ce que l'on enseignera dans ce cours :

La Gaule, les Gaulois, leurs mœurs et leurs coutumes. — Les Druides et leurs sacrifices. — Les Bateliers de Paris. — Vercingétorix et César. — Sainte Blandine à Lyon. — Saint Denis à Montmartre. — Attila et sainte Geneviève. — Saint Loup. — Clovis et Clotilde. — Saint Remi. — Saint Eloi. — Charlemagne, sacré empereur d'Occident; les écoles. — Les Pirates normands; le siège de Paris. — La Société féodale. — Aspect des campagnes : le château du seigneur et la cabane du serf, le beffroi, le couvre-feu. — La Chevalerie; la Trève de Dieu. — Louis-le-Gros et l'abbé Suger. — Philippe-Auguste à Bouvines; l'Hôtel-Dieu. — Saint Louis sous le chêne de Vincennes. — Les Croisades. — Pierre l'Hermite. — Godefroy de Bouillon. — Saint Louis en Égypte et à Tunis. — Les Quinze-Vingts. — Les Anglais en France. — Duguesclin. — Jeanne d'Arc à Domremy, à Orléans, à Reims, à Compiègne; son supplice à Rouen. — Les grandes inventions et les grandes découvertes. — Les monastères et les manuscrits. — Invention de l'imprimerie par Guttenberg; les livres. — La boussole. — Christophe Colomb. — Les Français en Italie. — Louis XII, le père du peuple. — François Ier, vainqueur à Marignan, vaincu à Pavie, prisonnier à Madrid. — Le connétable de Bourbon et le chevalier Bayard. — Henri IV, son éducation en Béarn, son entrée à Paris, son ministre Sully, sa mort. — Saint Vincent de Paul. — Les Sœurs de charité. — Le siècle de Louis XIV. — Louis XIV enfant et Anne d'Autriche pendant la Fronde. — Louis XIV, roi; ses grands ministres : Colbert, Louvois. — Ses victoires : Condé, Turenne, Luxembourg, Duquesne, Vauban. — Les savants : Boileau et la pension du vieux Corneille; Molière à la table de Louis XIV. — Bossuet et Fénelon, précepteurs des Dauphins; — La Colonnade du Louvre, les Invalides, Versailles. — Misères des dernières années du règne, l'hiver de 1709. — La Révolution. — Les Enrôlements volontaires pour la défense de la patrie. — Valmy, Jemmapes et Fleurus. — Le Vengeur. — L'Empire. — Bonaparte à l'école de Brienne, au siège de Toulon, au pont d'Arcole. — Napoléon. — Étendue de l'Empire français en 1814. — L'île d'Elbe. — Sainte-Hélène.

Quand vos élèves verront ainsi passer devant leurs yeux un de ces illustres personnages qui font la vie et le mouvement d'une époque historique, vous vous arrêterez avec respect, et vous rechercherez dans les circonstances de leur vie les beautés du patriotisme. de l'enthousiasme réligieux, de la loyauté chevaleresque, enfin une exhortation à toutes les vertus. Ils retiendront quelques dates précises, comme des points d'appui dans ce vaste ensemble, et quoique bien loin de tout savoir, vous leur aurez appris assez pour les éclairer et les porter au bien. Ils ne sauront pas nommer un à un, les rois fainéants, citer la date de leur avénement au trône et celle de leur mort ; mais vous leur aurez fait comprendre dans sainte Geneviève, l'efficacité de la prière ; le rôle important de sainte Clotilde ; la probité d'un saint Éloi ; la grandeur d'un Charlemagne ; la sainteté d'une Jeanne d'Arc ; la bonté d'un Bayard ; le génie d'un Napoléon ! et dans leurs jeunes cœurs l'admiration fera naître bientôt le désir de marcher sur la trace de tant de héros, de tant de saints et de saintes et de sacrifier eux aussi, si l'occasion s'en présente, sur l'autel de la patrie leurs forces, leur temps, leur fortune, leur vie même !

Et si vous êtes assez heureux pour avoir dans votre commune, dans votre canton, dans votre arrondissement, dans votre département, dans votre province, une de ces anciennes familles qui ont donné à notre belle France, un vaillant capitaine qui a versé son sang sur les champs de bataille ; un illustre savant qui a contribué à la gloire de notre pays ; un de ces héros du dévouement et de la charité qui consolaient l'humanité ; de ces magistrats intègres et courageux qui défendaient l'innocent ; de ces artisans, de ces cultivateurs qui ont enrichi la France de tant de découvertes entreprises pour le bien de l'humanité, apprenez-leur à ne pas passer avec indifférence devant de tels noms ; qu'ils respectent et qu'ils aiment leurs descendants qu'ils coudoyent, et qu'ils sachent bien qu'ils ne seront de bons citoyens que quand ils auront satisfait à toutes ces pures affections. Ils s'épargneront alors ce que le grand poète Goethe a dit : « Celui qui n'est pas habitué à rendre la vénération à celui auquel elle est due, doit s'attendre à ne pas être vénéré à son tour. »

Géographie. — Pour l'enseignement de la géographie nous suivrons une méthode opposée à celle que nous voyons pratiquer dans la plupart des écoles, et qui consiste à mettre entre les mains des enfants un petit abrégé qui ne contient que des noms propres, et quand on veut ou croit faire mieux que d'autres, un petit atlas (et il y en a tant aujourd'hui !). Comment voulez-vous que l'enfant comprenne quelque chose à ces noms qui coudoient les noms, les uns plus baroques que les autres, qui frappent désagréablement son oreille et où son intelligence ne trouve que de l'ennui ; à ces cartes dont on ne lui explique pas même les signes et où tout est confusion pour son œil ? Si vous voulez que vos élèves prennent goût à cet enseignement et qu'ils en retirent plaisir et profit, il faut que vous quittiez le chemin battu du pédantisme et que vous vous débarrassiez de tout cet attirail de livres et d'atlas qui ne forment de votre enseignement qu'une lettre morte. Il faut pour vivifier cet enseignement que vous remplaciez tout ce vieux fatras par votre parole vivante et animée et que, comme pour les autres matières, vous vous gardiez d'oublier qu'il s'agit bien moins d'enrichir la mémoire que de développer l'intelligence et de former le cœur.

L'ordre dans lequel vous devrez enseigner la géographie aux élèves du cours élémentaire est le suivant. Vous commencerez par l'école et sur le tableau noir vous tracerez les différents chemins de la commune par lesquels les enfants s'y rendent; vous marquerez par des points l'emplacement de l'église, de la mairie, de la fontaine publique, de l'abreuvoir, du lavoir; vous indiquerez la rivière, le chemin de fer, le canal, etc. Cette description topographique, faite à grands traits sur le tableau noir, est copiée, dessinée par les élèves sur l'ardoise, plus tard sur le cahier et constitue la première leçon de géographie. Puis vous leur apprendrez à s'orienter. On se lève de bonne heure à la campagne; invitez vos élèves, grands et petits, à une de ces promenades matinales qui font tant de bien à l'âme, qui s'élève avec amour et reconnaissance vers le Créateur de cette belle nature, et au corps qu'elles fortifient et disposent favorablement au travail. Montrez-leur le côté où le soleil se lève et dites-leur que ce côté est appelé Levant ou Est et le côté opposé Couchant ou Ouest; que s'ils regardent le premier en face, ils ont à leur droite le Midi ou le Sud et à leur gauche le Nord ou Septentrion. Une autre fois vous leur apprendrez à s'orienter au moyen de l'étoile polaire et de la boussole. Pour leur faciliter cette opération, faites chercher dans les environs, à des distances à peu près égales, quatre objets bien apparents, tels que quelque arbre très élevé. une colline, un clocher qui puissent marquer relativement à leur village, les quatre points cardinaux. Rentré en classe et en vous servant de la carte que vous avez tracée pour la première leçon au tableau noir, vous leur ferez observer que sur le tableau et sur les cartes le Nord se trouve placé en haut, le Midi en bas, l'Est à droite et l'Ouest à gauche, et que si vous voulez leur enseigner les points intermédiaires, ils correspondent exactement aux quatre angles du tableau noir ou de leur carte tracée sur l'ardoise.

Partant de l'école, vous ferez la description de la commune, des environs; s'il passe une rivière, vous la remonterez à sa source et vous descendrez jusqu'à l'endroit où elle se jette dans une autre rivière, leur apprenant ce qu'on entend par rive droite, rive gauche. Vous pouvez nommer le fleuve où elle se perd et suivre celui-ci jusqu'à la mer. Vous tracerez les chemins qui lient entre elles les communes d'un même canton, les grandes routes qui conduisent dans d'autres contrées, les autres cours d'eau qui arrosent les environs, les collines ou les montagnes, les fermes, les hameaux, les villages qui seront à la portée de leur vue et vous aurez ainsi ébauché la carte topographique du canton. Partant des montagnes les plus voisines, vous leur apprendrez qu'au delà de ces hauteurs qui bornent l'horizon, il y a encore des habitants parmi lesquels se trouvent peut-être des membres de leurs familles, leurs frères qui tiennent garnison dans une ville plus éloignée; dans une autre ville, Monseigneur l'Évêque qui vient chaque année donner la Confirmation; une autre où réside M. le Sous-Préfet qui a assisté l'année dernière à leur distribution de prix; une troisième habitée par M. le Préfet qui a présidé à la pose de la première pierre de leur nouvelle église, et enfin une plus éloignée et plus grande où siège le chef du Gouvernement. Vous leur aurez ainsi appris la commune, le canton, l'arrondissement, le département et la France.

Sur le bord de l'étang voisin ou d'une flaque d'eau quelconque, vous expliquerez ce que c'est qu'un cap, un golfe, une baie, un port, une île, une presqu'île, ensuite en gravissant une colline, vous parlerez des montagnes, des plateaux, des cols, des passages, etc. Cette explication démonstrative aux jeunes enfants est toujours préférable; mais aussitôt qu'ils ont une idée bien nette de la terminologie, il est bon de changer de procédé. Mettez-les maintenant devant un globe, une sphère terrestre, montrez-leur les océans, les continents, les points remarquables de la surface du globe, les diverses parties du monde. Ce qui importe dans cet enseignement, c'est d'être bien outillé; il faut des globes, des cartes adroitement combinées; les unes planes, les autres avec des reliefs; vous pourriez établir ces dernières. Quand même elles laisseraient à désirer sous le rapport de l'exactitude hypsométrique, elles seraient encore préférables aux cartes ordinaires. Nous voudrions voir aussi établir dans chaque école, en plâtre ou en argile, maintenu dans un chassis, la mappemonde de Mercator. On creuserait le bassin des mers, que l'on remplirait d'une eau légèrement teinte en bleu; on ferait émerger les îles et les continents peints en vert pâle ou en une autre couleur en rapport avec la nature du sol représenté. Un petit morceau de liège taillé en forme de nacelle servirait à enseigner la route de la navigation internationale. Cet appareil peu coûteux rendrait de grands services; le progrès des études géographiques serait vingt fois plus rapide qu'avec le système des cartes planes et les connaissances acquises s'effaceraient difficilement de la mémoire des enfants. A défaut de cet appareil, placez maintenant vos élèves devant un globe. une sphère, expliquez- leur bien la division de la surface de la terre en deux parties : les terres et les eaux. Vous pouvez faire mention de tous les moyens de communication et de transport que les hommes ont imaginés ou qu'offre la nature, les grandes routes, canaux, vaisseaux, voitures de toutes sortes, chemins de fer, bateaux à vapeur, chameau du désert, le renne du Nord pour leur procurer les choses dont ils ne pourraient plus se passer aujourd'hui et dont ils ignorent le lieu de leur provenance. Montrez-leur sur ce globe d'où on tire pour la cuisine : le sel, le poivre, le café, la canelle, la muscade, le girofle, le thé, les câpres, les oranges, les citrons; pour la médecine : le quinquina, le camphre, l'opium, la rhubarbe; pour les usages journaliers : le coton, le fer, le cuivre, l'or. l'argent, les baleines, les aiguilles, les épingles, les éponges, la craie, la houille, la batterie de cuisine, et enfin pour la toilette : les glaces, le diamant, les pierres précieuses, les vers à soie, le corail, les perles, etc., etc.

Vous vous appliquerez alors à leur faire sentir combien la terre est grande, avec quelle sagesse elle a été arrangée pour le bien des humains, combien la famille de Dieu est grande sur la terre, comment sa providence paternelle a pourvu aux besoins de ses innombrables enfants sous les ardeurs du soleil, au milieu des frimas. et dans des températures plus douces. Ces leçons, en faisant mieux connaître le Père tout-puissant, parleront à leur cœur. les pénétreront de respect, d'amour et de reconnaissance pour lui. Elles doivent encore donner à la charité fraternelle une plus grande extension et ennoblir leur cœur en l'étendant. De cette manière, vous les aurez bien préparés aux leçons plus étendues qui les attendent dans les autres cours, et ceux d'entre eux qui devront quitter les bancs de l'école sans pouvoir passer dans ces cours, — et il y en aura un grand nombre, — sauront au moins la géographie de leur commune, de leur canton, de leur département, de leur province et de la France, ses limites, ses ressources agricoles, industrielles et commerciales et les autres pays qui leur fournissent tant de choses pour la commodité et la santé du corps et qu'il n'est aujourd'hui permis à personne d'ignorer.

Dessin linéaire. — De toutes les occupations qui peuvent fixer l'attention des enfants, et comme moyen tout à la fois de récréation et d'instruction, la plus intéressante, la plus praticable et la plus utile peut-être, est l'art du dessin linéaire. Nous sommes d'avis de l'enseigner avant l'écriture, car tout en exerçant l'œil à la perception des formes, et la main à leur imitation, il conduit à une belle écriture; ce dernier art n'étant autre chose qu'un dessin linéaire réduit à quelques lignes. Notre propre expérience, et les rapports de beaucoup d'instituteurs, ont prouvé que là où les enfants apprennent à dessiner, ils écrivent mieux et plus vite. Nous avons prouvé ce fait plus haut et nous ne nous y arrêterons pas davantage. Du reste, l'enfant dessine à la salle d'asile, pourquoi alors interromprait-il cet exercice en arrivant à l'école; ou pourquoi n'enseignerait-on pas le dessin linéaire dans les écoles primaires ?

Sans parler de la culture intellectuelle dont il développe toutes les facultés, dont il nourrit et augmente le sentiment du beau, de l'ordre et de la convenance, tout en donnant de la précision au coup d'œil, de la liberté et de la fermeté à la main, il est surtout une préparation générale à l'apprentissage des métiers et des arts utiles, et d'une grande importance pour les futurs artisans et ouvriers. Combien n'y a-t-il pas de ces derniers qui ne peuvent pas rendre par le langage des idées et des plans, que quelques coups de crayon exprimeraient clairement et complètement?

Outre ces avantages matériels le dessin éveille l'attention; et l'adresse qu'il donne, la réflexion qu'il suppose, l'amour de l'ordre qu'il développe et fortifie, le goût de la propreté qu'il entretient; tout cela vient en aide à l'être moral, pour en déterminer le caractère et améliorer les habitudes.

Les enfants aiment généralement le dessin et la nature favorise admirablement cette étude dès l'âge le plus tendre. Qui n'a pas remarqué quelle joie vive témoigne le petit enfant quand il voit sa mère lui tracer de belles figures sur les vitres, humides de son haleine? Avez-vous remarqué son bonheur quand, dans les soirées d'hiver, il obtient de son père ou de ses frères aînés, par ses prières, qu'ils lui dessinent une maison, un cheval, un soldat? Mais son plaisir augmente quand il peut lui-même esquisser une de ces figures au moyen du crayon et de l'ardoise et il est à son comble quand ses camarades reconnaissent une certaine ressemblance entre son esquisse et l'original. Les murs, les portes des maisons qui se trouvent sur le passage de nos élèves pour se rendre à l'école, ne témoignent-ils pas, par des traces à la craie ou au charbon, de leur désir de dessiner? Nourrissons donc et développons cette faculté que Dieu a mise de si bonne heure dans l'enfant.

Nous conseillons aux instituteurs de commencer le dessin en suivant la méthode indiquée par Frœbel dans ses Jardins d'enfants et qui est à la portée de tout le monde.

Elle consiste en une collection de petites baguettes quadrangulaires d'une longueur à peu près d'un décimètre. Vous donnez à chaque enfant une de ces baguettes et vous les lui faites poser sur la table, d'abord verticalement, puis horizontalement, ensuite obliquement de droite à gauche, puis de gauche à droite. Avec ces simples baguettes, ou avec des tiges de paille, ce qui donne encore plus de dextérité aux doigts, les enfants parviennent à composer, d'abord des figures géométriques tracées sur les murs de la salle d'école ou sur le tableau noir, puis tout autre objet dont la forme est simple, tel que le profil d'un té, d'un banc, d'une chaise, d'un verre, d'un pignon.

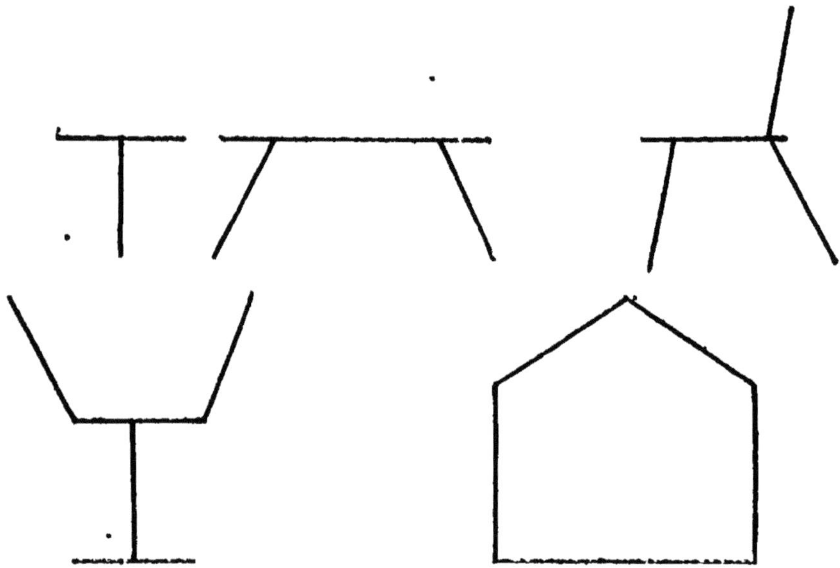

En leur donnant des baguettes de différentes longueurs, mais qui soient entre elles comme 1 : 2 : 4 vous rendrez cet exercice encore plus intéressant, parce qu'ils pourront donner aux objets une plus grande ressemblance. Ainsi ils formeront une fourche, une échelle, une croix, une niche à chien, une maison, un pigeonnier, etc., etc.

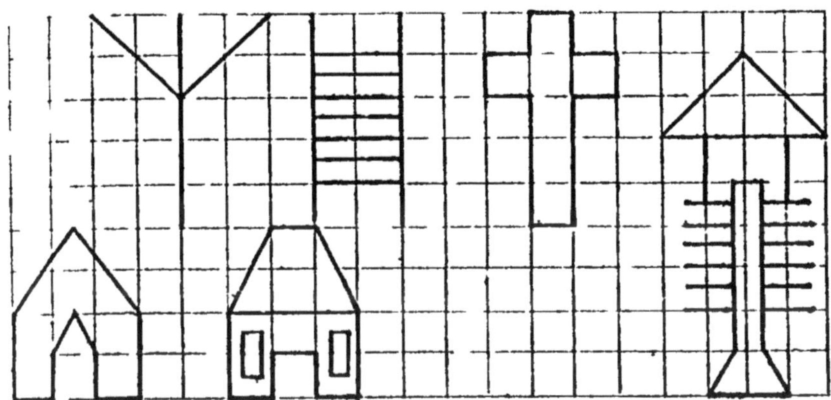

En reproduisant au moyen des petites baguettes les dessins qui ont une ressemblance avec les objets qui les entourent, non seulement l'imagination des enfants est exercée, mais en même temps leur force de souvenir et de reproduction est vivifiée, leur faculté de comparaison est exercée et vous augmentez en même temps leur somme d'intuition et de reproduction. Après quelques jours de ces exercices vous pouvez commencer le dessin linéaire. Pour cela que faut-il ? Un tableau noir pour le maître et des ardoises dont se serviront les élèves.

Les règles à observer dans cet enseignement sont les suivantes :

1° Les enfants seront obligés de se tenir continuellement droits et de ne se pencher ni en avant, ni d'un côté, ni de l'autre ;

2° Ils seront placés de manière à recevoir la lumière du côté gauche ;

3° La leçon de dessin n'aura jamais lieu à la fin de la classe du soir en hiver ou par un temps trop sombre ;

4° Chaque enfant sera muni d'un crayon suffisamment long, assez pointu et d'une ardoise ;

5° L'instituteur veillera à ce que l'enfant tienne bien son crayon, qu'il ne le serre pas trop entre les doigts et qu'il ne l'appuie pas trop sur l'ardoise ; que les lignes ne soient pas trop grosses, mais bien égales dans toute leur longueur et tracées par un seul mouvement sans s'arrêter ;

6° Chaque nouvel exercice sera dessiné et expliqué par l'instituteur sur le tableau noir ;

7° L'instituteur surveillera exactement le travail de chaque élève et le corrigera avec soin ;

8° Quand les élèves auront un peu d'exercice, il pourra les faire dessiner dans des cahiers ; par là les enfants peuvent observer et suivre leurs progrès et leur zèle à bien faire sera excité.

Vous tracerez donc sur le tableau noir, et en suivant la ligne verticale, une droite à la craie d'une longueur d'un des côtés du carré et les enfants feront de même sur leur ardoise quadrillé qu'ils remplissent entièrement. Vous leur montrerez que le trait devra commencer et finir exactement sans dépasser la ligne au point d'intersection des deux lignes. Puis vous les exercerez aux différentes grandeurs en leur faisant tracer des lignes verticales d'une longueur double, puis triple, ensuite quadruple et enfin quintuple ; puis vous leur ferez mélanger ces différentes longueurs, en commençant tantôt par une longueur de 1 et en ajoutant jusqu'à 5. Je ne suis pas d'avis de dépasser ce nombre au commencement, autrement les enfants ne pourraient pas exécuter la ligne d'un seul trait sans s'arrêter.

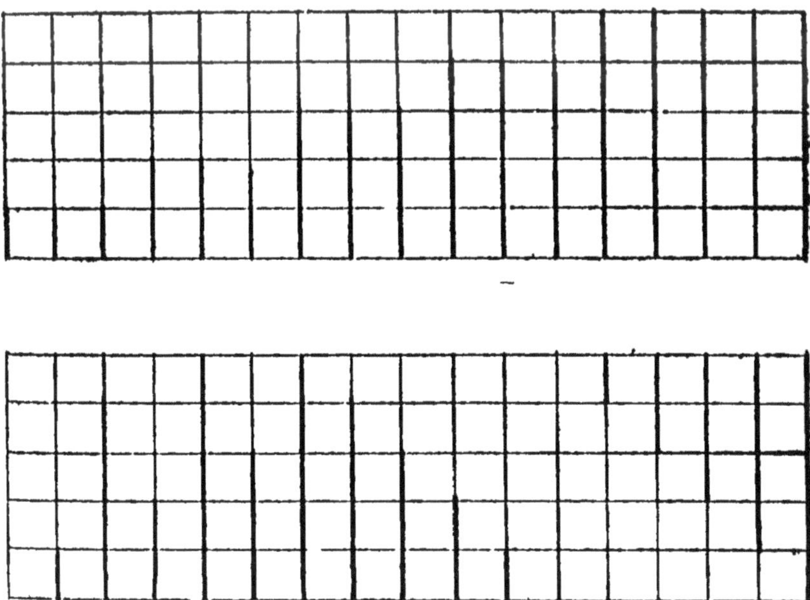

Quand ils seront bien exercés sur les lignes verticales, vous passerez aux lignes horizontales dans le même ordre de grandeur et de variations. En réunissant les lignes verticales aux lignes horizontales, ils parviendront à former des angles droits, des carrés, des rectangles, des carrelages, etc., etc. et d'autres figures qui intéresseront les enfants.

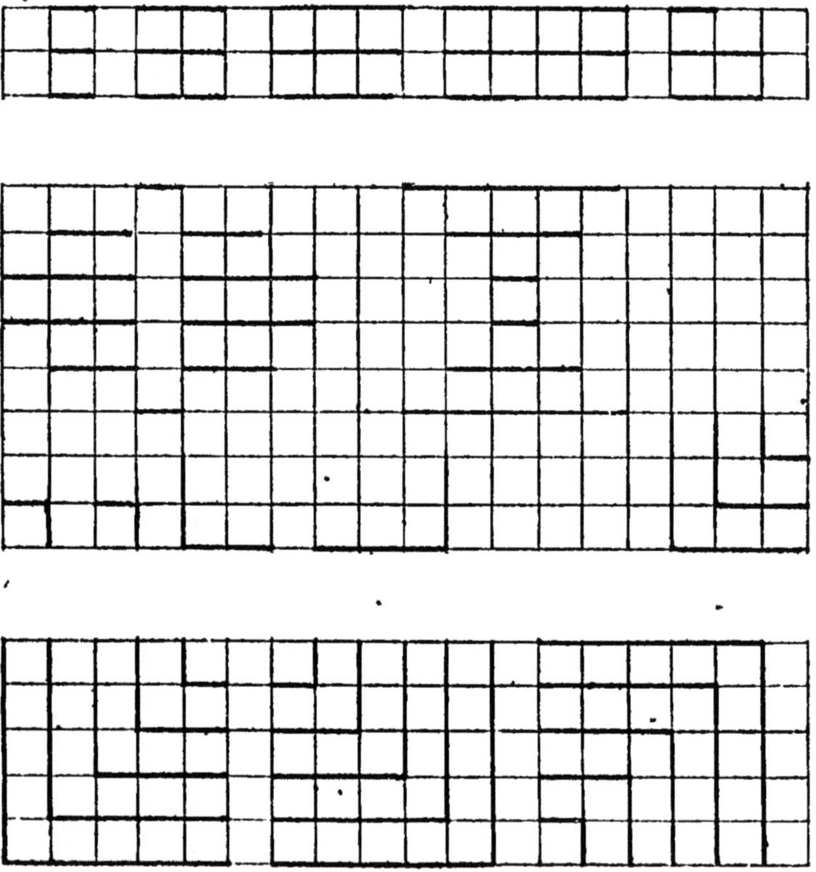

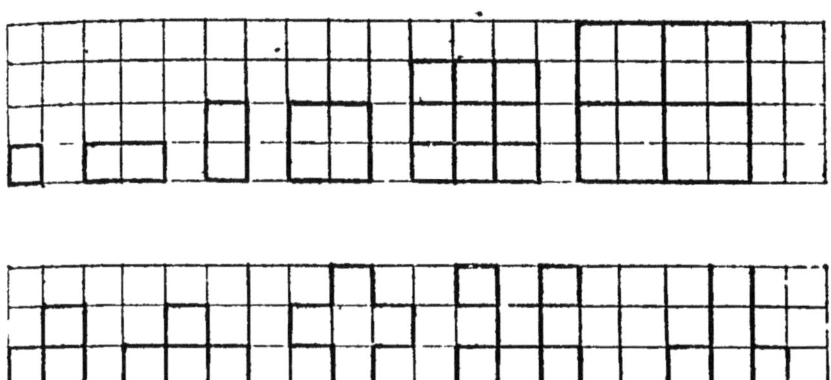

Après ces différents exercices qui devront être exécutés avec facilité, vous passerez aux lignes obliques

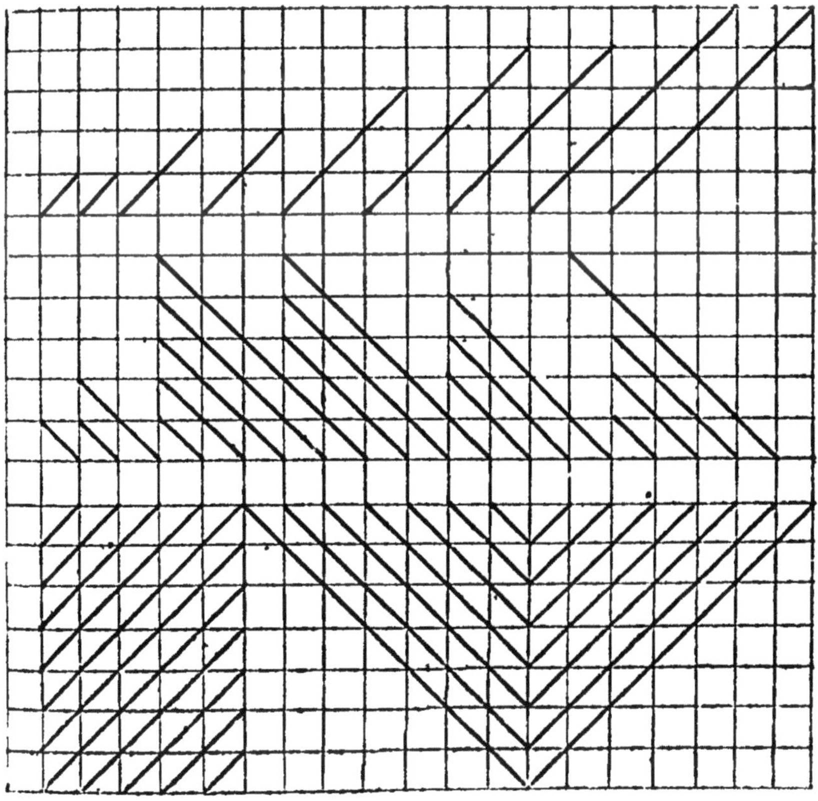

en suivant toujours la même marche. Ici il faudra déjà une certaine sûreté de l'œil parce que les enfants ne pourront plus suivre la ligne droite du carré, mais qu'ils seront obligés de la tracer d'un angle à l'autre, c'est-à-dire la diagonale et qu'elle peut et doit être tracée tantôt de gauche à droite et tantôt de droite à gauche. De même qu'ils ont formé des angles et des carrés par la réunion des lignes verticales et des lignes horizontales, de même avec celle des lignes obliques réunies aux précédentes, pourront-ils composer une variété de figures très intéressantes.

Arrivés à ces exercices variés, les enfants pourront se servir avec avantage des premiers cahiers de dessins publiés à Belfort, par M. Armbruster, inspecteur primaire.

Avons-nous besoin de dire que dans cet enseignement il faut toujours tendre à la perfection ; « ce n'est pas comme dans l'écriture où la clarté et la rapidité sont les seules conditions essentielles, et ces qualités peuvent s'acquérir en deux ou trois ans, si l'on commence au temps convenable ; mais le dessin, demandant considérablement plus de pratique, doit se commencer beaucoup plus tôt, afin que l'élève y ait fait de bonne heure assez de progrès pour en tirer parti dans l'étude des sciences auxquelles il sert d'auxiliaire, et qu'il puisse l'acquérir dans la période ordinaire de l'éducation. Ce but est facile à atteindre ; car la nature et la variété des objets à imiter, leur familiarité même et les idées agréables qu'ils éveillent, rendent la pratique du dessin beaucoup plus intéressante pour les enfants que ne saurait l'être l'écriture, qui reproduit constamment les mêmes formes. Non seulement le dessin est plus intéressant, mais les premiers pas en sont plus faciles, parce que les éléments peuvent être simplifiés à volonté et les enfants peuvent, à mesure qu'ils avancent, effacer et corriger jusqu'à ce qu'ils soient satisfaits de leur production. Ce sont là des éléments de succès et d'encouragement que n'offre point l'écriture. » (M. C. Marcel.)

Chant. — Cet enseignement, que nous voudrions voir introduit dans toutes les écoles, laisse partout énormément à désirer, et le goût du chant est encore loin d'être aussi généralement répandu qu'il devrait l'être. Ce peu de progrès paraît tenir à trois causes : 1° la musique n'a pas une place assez large dans le programme de nos écoles normales. On devrait y consacrer plus de temps, de manière que chaque élève-maître en sortant sût le piano et l'orgue pour accompagner le plain-chant, et le violoncelle pour enseigner le chant dans les écoles ; 2° la musique n'est pas obligatoire pour l'examen des aspirants qui se préparent à entrer à l'École normale ; 3° le manque de recueils convenables de chansons et de romances véritablement populaires, à la fois à la portée du peuple et des enfants, conçues dans un langage simple et pur, facile et poétique tout ensemble, qui pourraient être chantées dans l'asile de l'enfance, dans la chaumière du pauvre, dans la maison rustique du laboureur, dans les ateliers de l'artisan et sous la tente du soldat.

Chose digne de remarque : tout le monde aime le chant, car, comme dit un auteur contemporain : « il rend la maison paternelle plus chère, l'école plus attrayante, le culte public plus solennel, il allège le joug de la pauvreté, adoucit les souffrances, attendrit le cœur des riches et ajoute au bonheur des gens heureux. » Dans les réunions publiques comme dans les fêtes de famille, on aime entendre chanter, et celui qui peut satisfaire à ce désir, est toujours le bien-venu. Seulement il arrive souvent que tout en sachant chanter, on n'ose pas, on refuse et la raison est toujours la meme : c'est qu'on ne sait pas une mélodie, un chant, une chanson qu'on puisse chanter dans une assemblée honnête. Passez devant les vitrines de nos marchands de musique et voyez la collection de chansons qu'on y étale. Sans parler de la mélodie, nous pouvons voir d'infâmes gravures où les personnes, les professions les plus honorables et les plus respectables sont affreusement caricaturées, et les paroles telles qu'un fils respectueux n'oserait pas les lire à sa mère, ni les chanter dans une assemblée de gens qui se respectent. Quel est donc le remède à cet état de choses? D'abord enseigner le chant dans les écoles primaires et alors, ayant donné ainsi le goût de la musique, il se développera et on ne nous écorchera plus les oreilles par d'affreux hurle ments; ensuite mettre entre les mains des élèves un recueil de chants dans lesquels, avec des mélodies simples, ils trouveront des paroles honnêtes, appropriées à toutes les circonstances de la vie. Dans mon ancien arrondissement de Colmar, on chantait dans toutes les écoles; la classe commençait et finissait par un chant, les mouvements se faisaient en chantant et chaque élève avait le petit Recueil de MM. Delcasso et Gros. On avait même un livre de prières qui ne renfermait que les prières du matin, du soir, de la Messe, de la Confession, de la Communion et de la Confirmation, mais quatre-vingts cantiques à une ou à plusieurs voix. On pouvait alors entendre à Colmar, les élèves des écoles de garçons, tous les jours, à la messe de sept heures et demie, au nombre de trois cents à peu près, chanter trois cantiques qui excitaient l'admiration des étrangers. Dans nos cours d'adultes, à la sortie des ateliers, dans les veillées, vous pouviez entendre les jeunes gens et les jeunes filles exécuter des morceaux à trois et quatre voix avec un ensemble, une justesse et un rythme parfaits. On arriverait certainement au même résultat si le chant était enseigné dans toutes les écoles.

Voyez ce qui se passe dans les écoles de l'Allemagne. Le Règlement scolaire porte : § VIII. 1° Il faut, quand les enfants quittent l'école, qu'ils sachent chanter au moins à l'unisson, juste et sûr, les cantiques les plus usités et le plus possible beaucoup de chants populaires et patriotiques. A cet effet, on leur enseignera dans chaque cours dix morceaux des premiers et autant des seconds, indiqués par l'autorité scolaire ;

2° Dans les écoles primaires, les chants religieux et patriotiques fourniront la matière à l'enseignement du chant. Les premiers éveillent et fortifient le sentiment religieux; ceux-ci ont pour but de donner à la vie de famille et à l'amour de la patrie une expression immédiate. Il faut que dans l'école populaire ces deux matières, indispensables à une éducation religieuse et nationale, soient poursuivies avec toute la gravité et toute la persévérance possible ;

3° L'instituteur, dans l'enseignement du chant, se servira du violon qu'il devra manier avec assez de dextérité ;

4° L'instituteur se servira du livre : *Enseignement élémentaire du chant*, par F.-W. Sering. Chaque enfant sera pourvu du livre intitulé : « *Couronne de chants pour les écoles alsaciennes-lorraines*, par le même. »

Faut-il pour enseigner le chant être musicien? Évidemment non. Chaque instituteur à peu près chante au lutrin, il a une voix qui a été formée et l'oreille juste, c'est tout ce qu'il faut s'il ne connaît pas d'instrument pour enseigner le chant. Comment procédera-t-il? Il suivra la même marche que la mère; elle chante d'abord à l'enfant, les frères et les sœurs chantent avec elle et le petit enfant se met de la partie sans plus de façons. Son oreille saisit sans aucune intervention de l'art, la mélodie et sa voix la reproduit. Voilà le modèle que l'instituteur a à suivre et que suit la directrice de salle d'asile.

S'il chante avec les élèves plus âgés, qu'il ne repousse pas les enfants moins sûrs de leur voix pour les condamner au silence, il faut plutôt les encourager et tenir à ce qu'ils chantent avec les autres; car avec le temps le chant d'ensemble entraînera ces petites voix incertaines à chanter juste.

Pendant la leçon de chant, les enfants se tiendront debout, droits, sans raideur, effaçant les épaules et avançant naturellement la poitrine, n'écartant pas les pieds et évitant tout mouvement inutile. On ne tolérera aucune faute contre l'intonation, on évitera le fausset, le nasillement, le serrement des dents, mais surtout on défendra de chanter trop fort ou de crier. Du reste la faculté de distinguer et d'imiter les notes de la musique, ou une oreille musicale, ainsi qu'on l'appelle, peut se cultiver presque chez tous les enfants. Il y a des gens, il est vrai, qui semblent fatalement dépourvus de cette faculté, mais ce défaut provient souvent de ce que, dans leur jeunesse, ils n'ont entendu chanter que rarement, ou même jamais. En écoutant chanter, l'oreille se forme et finit par saisir les plus délicates nuances des tons et du rythme. Puis, en essayant fréquemment d'imiter les autres, on amène les organes de la voix à reproduire les sons et les intonations que l'oreille a reçus.

L'instituteur montrera d'abord aux élèves la manière d'attaquer les sons; ceci devra se faire d'abord sur un air facile, court et simple; il chantera toujours très juste, rigoureusement en mesure et pas trop fort, puis s'adressant aux enfants : Eh bien! avez-vous fait attention au morceau? — Je vais le répéter encore une fois. — Qui peut maintenant me le chanter seul? — Non, nous allons d'abord chanter ensemble, je vous regarderai tous et celui qui le chantera le mieux, le chantera alors seul, c'est pourquoi regardez-moi tous bien, et quand je ferai un signe de la tête, nous commencerons tous ensemble, seulement ne criez pas, chantez tout doucement, comme je viens de le faire tout à l'heure. — Maintenant l'attention est tendue. Il fera chanter le morceau deux ou trois fois l'un après l'autre de la même manière, par un petit garçon, par une petite fille, des mieux doués, puis il alternera avec tous les garçons, avec toutes les filles et enfin il le fera chanter ensemble.

Il est d'une nécessité absolue que les enfants sachent exactement par cœur le texte des paroles des airs qu'ils doivent chanter, autrement on n'avancerait pas dans l'enseignement du chant. Plus tard rien n'empêche de les réunir aux élèves des cours moyen et supérieur pour la théorie musicale.

Je ne puis m'empêcher en terminant, de citer à ce sujet les paroles d'un homme qui a rendu tant de services à la cause de l'enseignement. Je veux parler de

M. le baron de Gérando. Voici ce qu'il disait dans son rapport pour l'enseignement élémentaire :

« S'il est reconnu qu'on peut enseigner à lire et à écrire, sans faire de tous les enfants des savants et des gens de lettres *ex professo*, on concevra qu'il soit possible de laisser exercer les enfants au chant et à la musique sans en faire pour cela des artistes et des virtuoses.

« Qu'il me soit permis de demander si dans les ateliers de nos villes, si au travers des champs, nous ne rencontrons pas chaque jour des ouvriers, des laboureurs qui, au milieu de leurs pénibles et monotones travaux, chantent aussi, et qui, loin de négliger leur ouvrage, le font, en chantant, avec plus d'ardeur et de gaieté. Ils ne rêvent point pour cela, ni aux concerts, ni à l'opéra; mais au lieu de retours sombres et amères peut-être, sur la dureté de leur condition, ils sentent soulager le poids de leurs fatigues. Ces simples accords sont comme une fleur semée dans les sillons de la vie humaine.

« La musique qui, aux yeux de quelques-uns, n'est que le délassement du riche, est un utile auxiliaire pour les efforts d'une vie laborieuse. Vous avez sagement introduit dans les écoles le dessin linéaire, comme un exercice utile pour donner de la précision à l'œil et à la main. Ne serait-il pas permis de penser qu'un peu de chant en serait le complément naturel, et concourrait au même but? Ce serait presque une portion essentielle de l'éducation physique, celle qui forme les organes des sens.

« Je ne dirai point tout l'avantage qu'on pourrait tirer de ces exercices dans les cérémonies religieuses et dans une foule d'autres circonstances; je ne ferai point sentir avec quelle utilité ils pourraient, dans les heures de repos, remplacer des plaisirs souvent funestes à la santé et aux bonnes mœurs. Voyez du moins comme de semblables exercices s'allieraient naturellement à ceux qui se succèdent dans nos écoles. Je suppose qu'ils ouvriraient chaque classe du matin et du soir et qu'ils la termineraient aussi. A l'ouverture ils accroîtraient encore l'hilarité qu'on remarque déjà chez nos élèves, garantiraient leur assiduité par l'attrait du plaisir, porteraient la sérénité dans ces jeunes têtes, inspireraient les dispositions les plus favorables pour cette suite d'actions et de mouvements qui doivent se développer avec ordre, harmonie et ensemble. A la fin de la classe ils seraient une récompense et un délassement. Et lors même qu'ils ne contribueraient qu'à rendre nos enfants heureux, j'avoue que ce motif serait d'un grand poids à mes yeux : *enfance* et *bonheur* sont deux choses qui vont si bien ensemble! Le bonheur dans le jeune âge est souvent une semence pour les bonnes qualités dans l'âge mûr.

« J'ose le croire, les chants de ces innocentes créatures seront des bénédictions pour vous; en réjouissant vos oreilles ils attendriront vos cœurs. »

Leçons de choses. — Cet enseignement, désigné sous le nom de leçons de choses, est une expression peut-être trop vague, trop générale et ne rend pas l'idée qu'on comprend sous ce nom. Ces exercices, introduits dans les écoles de l'Alsace, en 1835, par M. Vivien, directeur de l'école normale primaire de Strasbourg, et rendus obligatoires par le Règlement scolaire, articles 9 et 13, étaient désignés sous le nom d'exercices *de langage et d'intelligence,* et avaient pour but principal d'enseigner aux enfants la langue française usuelle, de leur procurer les moyens d'exprimer correctement leurs idées et de comprendre celles des autres. C'est au moyen de cette méthode que nous étions parvenus à propager la langue française là où elle n'était pas la langue maternelle, à tel point qu'elle était parlée exclusivement à l'école et comprise bientôt dans le hameau le plus reculé. Il en fut de même du patois français qui finit par ne plus être parlé entre les enfants. Sous ce rapport nos instituteurs ont rendu le plus grand service à la France, en faisant comprendre et parler à tous leurs élèves la langue nationale qui était devenue, grâce au concours des salles d'asile, des classes enfantines et à cet enseignement, donné une heure par jour, une seconde langue maternelle. Au bout de peu de temps on remarqua que là, où ces exercices avaient été appliqués avec intelligence et tels qu'ils furent indiqués aux maîtres dans les conférences, les enfants, non seulement parlaient couramment le français, mais qu'en même temps leur développement intellectuel avait fait de très notables progrès.

Dès lors cet enseignement devint l'objet de soins directs et immédiats, d'exercices dirigés à dessein vers ce dernier but. Ces exercices qui ont pour objet de former directement le jugement, en développant les facultés qui y concourent, se firent d'après un plan déterminé, fondé sur la nature même de l'esprit et allant comme lui, du connu à l'inconnu, du simple au composé et du facile au difficile. On fit naître d'abord l'attention, puis on l'exerça, on la dirigea, on la guida. et enfin on la fortifia et on la fixa. Avec elle la curiosité s'éveilla en habituant les enfants à regarder autour d'eux et à écouter avec attention. Ils furent habitués à considérer un objet en détail, à en faire l'analyse. puis la comparaison avec un autre objet, enfin à en saisir les caractères ou les propriétés sensibles. Ces exercices, convenablement gradués, furent très variés et aussi amusants qu'instructifs. Ils s'accordaient du reste avec les prescriptions de la nature. En effet, un enfant, laissé à lui-même, n'est jamais oisif; au contraire, dès l'âge le plus tendre, il est actif, entreprenant. curieux ; il se plaît à observer, à comparer les choses il a une aptitude merveilleuse pour apprendre, et l'instruction qu'il tire de chaque objet soumis à l'action de ses sens, de chaque personne avec laquelle il cause. lui est incomparablement plus utile et contribue plus efficacement au développement de son esprit que la

répétition de leçons qui, imposées de bonne heure, sont rarement comprises.

C'est donc en causant avec les enfants que nous chercherons à leur faire acquérir un langage correct et que, par des conversations raisonnées ou exercices de perception, d'observation et de réflexion, embrassant les éléments de toutes les connaissances, nous ferons servir l'enseignement de la langue maternelle à la culture de la morale, de l'esprit et du cœur.

Sur quoi porteront ces exercices de conversation ? Le véritable esprit de la conversation demande que les sujets naissent des circonstances et n'aient en apparence aucun ordre prémédité ; il faut cependant, pour assurer et compléter les avantages qu'on en attend, ne pas abandonner entièrement au hasard le choix de ces sujets : les différentes branches d'instruction sur lesquelles on veut appeler l'attention des enfants. doivent leur être présentées graduellement, et être appropriées à leur âge et au développement de leurs facultés. On n'oubliera pas que si l'affaire des enfants est d'acquérir des connaissances et de rechercher la vérité, celle de l'instituteur est de leur communiquer ces connaissances, ou de les aider à découvrir cette vérité. En les associant au bienfait de sa propre expérience, l'instituteur s'assurera que son enseignement leur a mis en main le fil conducteur qui doit les mener aux faits dont la découverte leur est proposée. Il se gardera donc d'en trop dire, de crainte que ses élèves n'acquièrent des habitudes d'indolence et ne négligent ainsi l'exercice de leurs propres facultés. Le tout est de se rendre clair, de savoir condescendre à redevenir enfant, tout en mettant au service de ses jeunes auditeurs les connaissances utiles que le maître veut leur faire acquérir. Son enseignement sera donc à la fois sérieux et attrayant pour commander l'attention; il y mettra cette chaleur de cœur qui vivifie sa parole, et par-dessus tout, cette piété sincère et éclairée qui donne du poids à son enseignement et laisse des impressions morales et religieuses.

Quels seront les éléments de ces conversations? Les premiers exercices ne se porteront d'abord que sur un petit nombre d'objets que les enfants ont intérêt de connaître et qu'on aura soin de leur représenter de temps en temps. Leur vocabulaire s'étendra chaque jour par l'introduction de nouveaux objets qu'on leur fera examiner et nommer : tels que les meubles de la classe, les parties du corps, les vêtements, les objets mobiliers de la maison, les instruments aratoires, les animaux, les plantes, les minéraux et tous les objets enfin qui frappent les sens, soit à la maison, soit à la promenade. Conformément au principe de l'intuition, il faudrait autant que possible, soumettre ces choses à leurs facultés perceptives, à quoi on parviendra si on compose, comme le faisait faire M. Rousselot, inspecteur d'Académie, pour les écoles primaires du département du Doubs et plus tard de Meurthe-et-Moselle, des collections d'objets, d'échantillons de substances minérales, végétales et animales, classées et arrangées en séries indiquant leur genre et leur espèce, et des collections d'articles manufacturés montrant les modifications variées que l'art fait subir aux productions naturelles.

Dans le cas où on ne pourra pas toujours mettre sous les yeux des enfants les objets eux-mêmes qui les rendront témoins des faits sur lesquels roule la conversation, on y suppléera par une collection de tableaux d'images comme celle qui était obligatoire dans toute école de l'Alsace ; elle se composait de trente tableaux et était publiée par la maison Levrault, de Paris.

Ces leçons se donneront à la classe entière; seulement en interrogeant les élèves, l'instituteur commencera toujours par ceux du cours qui nous occupe. Les questions seront des plus simples et ne porteront que sur le nom de l'objet, sur ses parties, sa matière, sa couleur, sa forme, ses propriétés, ses qualités et l'usage auquel il est destiné, Pour la grammaire, car le même Règlement prescrivait de ne l'enseigner aux commençants qu'au moyen des tableaux intuitifs dont nous avons parlé plus haut, on enseignera le nom ou substantif, l'article, l'adjectif, le pronom et le verbe. De cette manière, les élèves des deux autres cours répéteront sans s'en douter ce qu'ils ont déjà appris, et ceux du cours élémentaire retiendront toujours quelque chose des questions adressées et expliquées à leurs camarades plus avancés.

Comme l'un des principaux buts de ces leçons est de développer chez les enfants le pouvoir de l'élocution l'instituteur ne leur permettra jamais de répondre par monosyllabes, ou plutôt il posera la question de manière à exiger pour les réponses le développement d'une pensée. Les réponses par *oui* ou par *non* impliquent généralement absence de réflexion. Il faut aussi bien se garder de leur poser des questions pour la solution de laquelle ils n'ont point de données suffisantes, ni leur demander jusqu'à satiété la même chose Dans le premier cas on les découragerait, dans le second on les fatiguerait : dans les deux on perdrait le temps, et le but serait manqué. Du reste un instituteur qui aime les enfants, saura toujours donner à ses conversations l'intérêt nécessaire pour qu'elles soient véritablement utiles.

Chaque exercice sera invariablement terminé par des réflexions morales. Ceci ne présente pas de difficultés tout proclame l'existence de Dieu : « elle est écrite en lettres de flamme sur la voûte des cieux, et en couleurs brillantes sur l'aile du papillon. » « Le goût des merveilles de la nature dont on parlera aux enfants, leur ouvrira une source de jouissances pures et durables, et exercera sur le caractère et sur le bonheur de la vie future, une influence bienfaisante qu'ils ne sauraient prévoir. Cet enseignement les identifiera avec le bonheur de cette nature à laquelle ils appartiennent : il donnera de l'intérêt pour les diverses espèces d'êtres qui les entourent ; et, dans les heures de curiosité et de plaisir, il éveillera ces sentiments de sympathie et de bienveillance d'où provient finalement toute la grandeur morale et intellectuelle de l'homme. Il posera en eux les fondements d'une piété précoce et solide, et leur fera considérer l'univers qu'ils habitent, non seulement comme le théâtre des soucis et des joies de l'humanité, mais comme le temple du Dieu vivant d'où la louange doit s'élever et où le culte doit s'accomplir. » (A. Alison.)

Ces sentiments de piété, base de toute bonne éducation, seront facilement et profondément inculqués en présence des œuvres de Dieu, au cœur des enfants, car il n'est pas une chose créée, pas une opération de la nature qui ne soit propre à élever leur âme vers le ciel. et à leur donner une leçon de piété et de vertu. « Il faut que les regards des enfants s'élèvent constamment de la nature vers le Dieu de la nature ; plus ils examineront minutieusement les propriétés et l'usage des choses, plus ils seront pénétrés, convaincus de l'ordre. de l'harmonie et de la beauté de l'univers ; et leur cœur se remplira de reconnaissance, d'amour et de vénération pour son auteur. Par des transitions faciles. l'instituteur leur fera voir avec quelle sagesse l'Auteur de toutes choses a présidé aux plus minutieux détails de la création ; avec quelle tendre sollicitude il a adapté la nature et les habitudes de l'homme, l'organisation et les instincts des animaux à la diversité des éléments et aux productions des contrées dans lesquelles ils sont destinés à vivre. Ainsi l'ordre parfait qui règne dans l'univers, et la précision merveilleuse avec laquelle chaque chose s'adapte à l'usage pour lequel le Tout-Puissant l'a créée, deviendront l'objet constant de leurs contemplations. Chaque nouvelle preuve des sages et généreux desseins de la Providence excitera leur intérêt, satisfera leur raison et forcera leur admiration et leur reconnaissance. « La nature est morte, dit J.-J. Rousseau, aux yeux de quiconque n'y voit pas Dieu. » (M. C. Marcel.)

Toute la création chante un hymne à Dieu et confesse sa gloire, et sa beauté est comme la voix de ce concert. Le ciel commence le cantique, et la terre répond. Et tous ces êtres le louent dans le repos, dans le mouvement, au ciel et sur la terre, dans la vieillesse et à l'époque de leur renouvellement. Lorsque vous voyez ces merveilles, vous tressaillez, votre esprit s'élève vers Dieu et vous voyez sa gloire. On comprend alors les extases et les ravissements de Képler, qui s'anéantissait dans un sentiment d'amour et d'humilité devant le nom de l'Éternel si bien exprimé dans sa prière, d'après le docteur Buckland (*Géol. et minér.*, p. 9-11).

vant que de quitter cette table sur laquelle j'ai fait toutes mes recherches, il ne me reste plus qu'à élever mes yeux et mes mains vers le ciel, et à adresser avec dévotion mon humble prière à l'auteur de toute lumière : O toi qui, par les lumières sublimes que tu as répandues sur toute la nature, élèves nos désirs jusqu'à la divine lumière de la grâce, afin que nous soyons un jour transportés dans la lumière de la gloire, je te rends grâces, Seigneur et Créateur, de toutes les joies que j'ai éprouvées dans les extases où m'a jeté la contemplation de l'œuvre de tes mains. Voilà que j'ai terminé ce livre qui contient le fruit de mes travaux, et j'ai mis à le composer toute la somme d'intelligence que tu m'as donnée J'ai proclamé devant les hommes toute la grandeur de tes œuvres, je leur en ai expliqué les témoignages autant que mon esprit fini m'a permis d'en embrasser l'étendue infinie. J'ai fait tous mes efforts pour m'élever jusqu'à la vérité par les voies de la philosophie ; et s'il m'était arrivé de dire quelque chose d'indigne de toi, à moi méprisable vermisseau conçu et nourri dans le péché, fais-le-moi connaître, afin que je puisse l'effacer. Ne me suis-je point laissé aller aux séductions de la présomption. en présence de la beauté admirable de tes ouvrages ? Ne me suis-je pas proposé ma propre renommée parmi les hommes, en élevant ce monument qui devait être consacré tout entier à ta gloire ? Oh ! s'il en était ainsi, reçois-moi dans ta clémence et dans ta miséricorde, et accorde-moi cette grâce que l'œuvre que je viens d'achever soit à jamais impuissante à produire le mal ; mais qu'elle contribue à ta gloire et au salut des âmes. »

Exercices de mémoire. — La mémoire est cette faculté cet instrument admirable qui fait que nous nous rappelons soit les personnes, soit les objets, soit les signes dont nous avions acquis la connaissance et auxquels nous avons cessé de songer. Nulle éducation ne serait possible sans elle, puisque c'est elle qui permet de rattacher une idée à une autre idée, de passer d'un enseignement à un autre enseignement. Ses principales qualités sont d'être sûre, prompte et étendue. Il ne servirait de rien d'apprendre facilement, si ce qu'on apprend ne laissait dans l'esprit que des empreintes fugitives : comme aussi la mémoire la plus sûre et la plus étendue ne serait que d'une faible utilité, si elle était trop lente, et si elle se montrait rebelle au moment où l'esprit l'appelle à son secours. Il faut donc l'exercer et comme condition du jugement et comme instrument de la connaissance. Sous le premier rapport le seul moyen est de fortifier l'attention, car on ne retient bien que ce qu'on a bien observé et il est rare qu'on oublie ce qui nous intéresse vivement. Sous le second il faut l'exercer comme faculté de retenir, d'une manière durable et fidèle, les idées que nous nous formons par nous-mêmes, ainsi que celles que nous devons à l'enseignement ; et pour cela il n'y a pas d'autre moyen que l'habitude d'une attention forte et soutenue qui est la condition commune d'un heureux emploi de l'observation sensible, de l'imagination comme faculté de conception et de reproduction, de la mémoire comme dépôt de nos souvenirs et comme faculté de retenir et de reproduire les pensées et par suite du jugement lui-même.

Ce qui facilite la mémoire et la rend solide et durable, c'est l'attention que les enfants prêtent à ce qu'ils répètent, le soin qu'ils prennent de le bien classer dans leur esprit et l'effort qu'ils font pour le retenir.

« Vous avez pu remarquer, dit miss Edgeworth, que si les enfants apprennent et se rappellent par routine, tout se présente en confusion à leur esprit ou se retrace dans l'ordre technique où ils l'ont étudié. Il y en a qui sont obligés de répéter l'alphabet pour placer une lettre où elle doit l'être. D'autres ne savent point faire une multiplication sans répéter la colonne du livret à laquelle appartient le chiffre multiplicateur. Il y en a qui, quand ils cherchent la place d'un mois de l'année, répètent ceux qui précèdent, et toutes ces opérations sont si machinales que souvent ils nomment la chose qu'ils cherchent sans s'apercevoir qu'ils l'ont nommée. Si, au contraire, ajoute miss Edgeworth, ils associent l'intelligence au travail de la mémoire, ils n'éprouveront peut-être pas une aussi grande facilité à graver les mots dans leur souvenir, mais ils s'approprieront les idées d'une manière plus durable. »

Pour corriger ces défauts il faut que les exercices de mémoire occupent une place dans les devoirs de chaque jour, et, autant qu'il est possible, dans les premières heures du travail. L'esprit des enfants étant plus calme et plus net, la leçon s'y grave beaucoup plus facilement, surtout lorsqu'ils ont commencé à l'apprendre la veille, avant de se livrer au sommeil, ce qu'il faut leur recommander.

Une chose qu'il ne faut pas perdre de vue, c'est qu'il vaut beaucoup mieux qu'ils apprennent peu à la fois et qu'ils sachent bien, que d'apprendre beaucoup pour ne retenir qu'imparfaitement. Il faut donc se proportionner au degré de mémoire dont on sait qu'ils sont doués et éviter de leur donner des leçons trop longues, de peur de les décourager.

Il faut exiger qu'ils apprennent littéralement et qu'ils récitent sans faute leurs leçons. Ce n'est que lorsqu'ils sont susceptibles de réflexion et capables d'analyse, qu'on peut leur permettre de s'en tenir au sens des choses; dans ce cas même, il faut exiger qu'ils rendent compte avec ordre et clarté de ce qu'ils ont appris, et qu'ils évitent les locutions vicieuses et les mauvais tours de phrase, sous peine d'être obligés d'apprendre et de réciter à la lettre. L'essentiel est de ne meubler leur mémoire que de choses utiles, belles et morales, afin qu'un jour leur intelligence puisse y donner son adhésion, et que la piété et la vertu n'aient qu'à y gagner.

Si l'instituteur a suivi la méthode indiquée jusqu'ici, les enfants du cours élémentaire auront peu de leçons à apprendre; tout se bornera à la récitation des prières.

à la reproduction des entretiens sur l'histoire sainte et des leçons de langage et d'intelligence; la seconde année, la lettre du catéchisme et la reproduction de quelques notions simples de grammaire, de géographie et d'histoire. Quant aux exercices de mémoire tels que sentences morales, récits et fables simples, rien n'empêche de leur en faire apprendre et pour cela les ouvrages ne manquent pas : la Corbeille de l'enfance; les Sentences morales, par M. Pinet; la Couronne poétique, par M. Doublet; le Fablier des écoles primaires; un choix de fables de La Fontaine, Florian, Perrault, etc., publiés, les deux premiers par la librairie Hachette, et les deux derniers par celle de Fouraut, à Paris, offriront un choix aussi varié qu'intéressant. Seulement, avant de donner une leçon de ce genre, l'instituteur n'oubliera pas que « l'instruction, dans toutes ses parties, se compose de deux choses distinctes : comprendre et savoir. Chaque leçon à étudier exige dès lors deux opérations : l'une, l'explication, qui demande à être conçue dans des termes différents de ceux du texte à expliquer; l'autre, la récitation, qui doit être exacte. Sans l'explication et les questions qui servent à s'assurer qu'elle a été saisie, l'esprit peut être étranger à la leçon; sans la récitation, on n'est pas certain d'avoir rien confié à la mémoire. Les idées ne sont guère à notre disposition qu'autant que nous les avons rattachées à des termes précis, justes, bien choisis, et tels enfin que les enfants les trouvent rarement d'eux-mêmes. » (Mme de Saussure.)

L'instruction ne peut se passer des exercices de mémoire. Négligez de les cultiver, interrompez-en la culture, et les autres facultés souffrent. L'imagination est mal réglée; le jugement est lourd et enveloppé: aucune étude ne réussit parce que la liaison des idées fait le succès d'une étude et que la mémoire seule rend possible la liaison des idées. L'éducation proprement dite doit aussi profiter de ces exercices, quand ils sont choisis et coordonnés sagement. Les enfants, dont on aura orné la mémoire des plus beaux passages de nos grands poètes, de ces passages qui sont propres à éclairer l'esprit, à élever l'âme, en même temps qu'ils offrent des modèles d'un langage pur et élégant, n'auront pas seulement étudié, ils auront développé leurs facultés morales; deux grands résultats auront été obtenus à la fois.

Agriculture, gymnastique et jeux. — L'enseignement de la gymnastique a été rendu obligatoire dans toutes les écoles primaires publiques, par l'article 8 du décret du 3 février 1869. L'utilité de ces exercices, souvent négligés dans un grand nombre d'écoles et donnés imparfaitement dans beaucoup d'autres, n'est pas assez connue à la campagne. Il m'est arrivé souvent que les autorités locales, l'instituteur même, me disaient : A quoi bon la gymnastique? nos enfants courent, sautent, grimpent assez et souvent plus que nous voudrions. Ce langage ne prouvait qu'une chose : l'ignorance de cet enseignement, car j'aurais pu répondre que tout en se livrant à ces exercices, les enfants ne les savaient pas et que ce n'est que par des principes, par des règles qu'on apprend à les exécuter aisément, librement et sans fatigue ; que le développement du corps, sa force, sa souplesse, sont aussi nécessaires dans l'intérêt du développement moral et intellectuel d'abord, que dans celui des travaux auxquels chacun est destiné, surtout à la campagne où la plupart des enfants auront un plus grand besoin de force et de santé pour gagner honorablement leur vie. En effet le corps a été donné à l'esprit comme un instrument nécessaire sans lequel il ne peut agir : ce sont deux moitiés d'un même être, dont le développement harmonique constitue la perfection de l'homme, en sorte que les facultés intellectuelles n'acquièrent toute leur puissance, qu'autant qu'elles puisent dans un corps bien constitué la vitalité et la vigueur dont elles ont besoin. Cet enseignement bien dirigé a une telle influence sur le développement général de l'individu, que, même dans les actions les plus ordinaires, on distingue facilement un homme à qui une gymnastique bien entendue a donné une tournure mâle et une démarche assurée, d'avec celui qui n'a pas reçu cet enseignement. Le premier est plein de confiance dans sa vigueur et dans son adresse, et son courage devient audacieux par la conscience de ses propres forces. Il est clair que celui qui possède des moyens de salut pour la plupart des circonstances critiques de la vie, doit aussi être plus capable de grandes actions que celui dont le courage se trouve paralysé par le manque de force et d'adresse.

Cet enseignement se réduit à quelques exercices bien simples pour les enfants du cours élémentaire, et se borne aux vingt premiers exercices du programme officiel. Les instituteurs trouveront toutes les explications, les commandements dans l'ouvrage de M. Verne, publié par la maison Hachette.

Mais, pendant que les garçons se livrent à ces exercices, sous la direction de l'instituteur, les jeunes filles, petites et grandes, sont abandonnées à elles-mêmes, sans surveillance, à une fâcheuse oisiveté et dans un triste ennui, dans la salle d'école, pendant qu'on l'aère et sans qu'elles puissent aller prendre l'air dans la cour. Et cependant elles ont aussi besoin, peut-être plus que les garçons, de se récréer un peu, de se livrer à des mouvements nécessaires pour stimuler la vie organique, en activer les fonctions, en régulariser l'exercice, en augmenter l'intensité et en équilibrer l'énergie; elles aimeraient aussi leur demi-heure de liberté et de joie où, se croyant affranchies des liens de la discipline, leurs goûts, leur caractère, leurs inclinations naissantes se manifestent sans contrainte. Ce serait le moment de la journée le plus fécond en observations utiles pour l'instituteur. Sans doute ces récréations ne doivent pas être prises en commun, pendant la leçon de gymnastique des garçons, mais il serait si facile de séparer la cour, soit par des palissades, soit seulement par des fils de fer, contre lesquels on aurait planté des chèvrefeuilles, du lierre, de la vigne vierge, des convolvulus ou d'autres plantes grimpantes! La surveillance pour l'instituteur, serait de cette manière facile; mais nous préférerions voir la femme de l'instituteur faire celle des jeunes filles.

Mais, si les jeunes filles ne sont pas exercées à la gymnastique dans le sens propre du mot, il y a des exercices corporels qui leur conviennent, qui appartiennent à la gymnastique et auxquels à la campagne on ne songe pas. Ainsi, la marche, qui est un exercice de mouvements doux et réguliers; le jeu du volant, et en général les jeux qui obligent à remuer les bras, sont des exercices gymnastiques appliqués surtout aux extrémités supérieures; le jeu de la corde, qui exerce à la fois les muscles des jambes et ceux des bras, a le double caractère. La baguette est aussi un des exercices à la fois les plus simples et les plus utiles pour donner de la souplesse et de la grâce. Tous ces jeux qui fortifient le corps, et sont favorables à la santé, ont par cela même une importance morale considérable; leurs mouvements doux et vifs, réguliers et variés, ne sont pas moins des moyens de calmer l'imagination et les sens, des remèdes à une sensibilité nerveuse rendue plus irritable par le défaut d'exercice, que des exercices tout physiques pour éloigner la souffrance ou raffermir la débilité.

Là où un jardin est attenant à l'école, on pourra confier à chaque enfant un petit coin de terre à cultiver. Les soins du jardinage sont excellents pour exercer tous les membres.

Voici ce que disait déjà Frœbel à ce sujet : « Pendant que l'enfant déploie dans tous ses jeux une activité dont la réussite dépend de sa force et de son adresse, dans la culture de son petit jardin, le pressentiment d'une action supérieure à la sienne est ici éveillée en lui et il apprend à sentir ses rapports de dépendance de Dieu. Mais je veux aussi un jardin pour des motifs de la vie sociale et civile. L'homme, l'enfant, comme membre de l'humanité, doit être considéré comme individu et comme membre d'une plus grande vie commune, s'y reconnaître et agir comme tel. Cette activité réciproque entre un et plusieurs individus, entre un membre et le corps entier, ne se produit nulle part mieux, plus amicalement et plus exactement que dans les soins communs de la nature et des végétaux, et dans ceux d'un jardin dans lesquels se manifeste d'une manière juste et claire le rapport du commun au particulier. Dans ce but la surface entière du jardin devra être partagée en une partie commune et une partie particulière. La première servira à tous, la seconde n'appartiendra qu'à un enfant en particulier qui exécutera lui-même les travaux du jardinage les plus faciles, tels que ceux de semer, planter, arroser et sarcler, pendant que la culture propre du terrain commun, bêcher, fumer, est faite par un des plus grands. »

La partie du jardin réservée à tous, qui entoure celui des enfants et le protège pour ainsi dire, n'a nullement la tâche d'introduire les petits enfants dans la totalité du monde des plantes; elle doit seulement leur faire faire connaissance avec ces végétaux qui se rapprochent le plus des besoins des hommes, les végétaux des champs et des jardins dans le sens le plus restreint. La partie du jardin commun se partagera encore en jardin fleuriste et potager, en plantes oléagineuses, céréales, à cosse, tuberculeuses, en navets. choux, et enfin en champ fourrager.

L'instituteur entrera ainsi dans les vues du Gouvernement qui, dans son arrêté ministériel du 27 juillet 1882, sur l'organisation pédagogique et le plan d'études des écoles primaires, spécifia pour le cours élémentaire d'agriculture : Premières leçons dans le jardin de l'école et pour le cours moyen des notions à propos des leçons de choses, des promenades et des lectures sur les principales espèces de sols, les engrais, les travaux et les instruments usuels de culture (bêche, hoyau, charrue, herse, etc.).

Qui pourrait mettre en doute l'influence salutaire qu'exercera sur les membres et sur les sens de l'enfant ces exercices horticoles ? Ce serait méconnaître le caractère de l'enfant, nier même la nature de l'homme. Le plaisir, acquis de bonne heure, du beau, de l'entretien et de l'embellissement, ne manquera pas d'exercer l'influence la plus durable sur la vie entière, et fera rappeler à ce sujet les paroles d'un autre grand pédagogue : « De même que l'homme au matin de la vie comprit le langage de la nature et en lui la voix de Dieu, il en est de même aussi de l'enfant. Il entend la voix de Dieu dans les mille voix de la nature, et des vérités sublimes impriment la première trace dans son âme ; les fleurs le saluent comme des sœurs et frères et échangent avec lui des regards souriants. La jeune poitrine s'élargit et se fortifie dans le monde de la beauté et de la paix de Dieu, pour ne pas être étouffée plus tard sous le poids de la poussière du monde, et pour acquérir une foi indestructible et une confiance inébranlable en la bonté paternelle de Dieu. » (Frœbel.)

L'instituteur, aidé de sa femme, pourra rendre d'ailleurs les plus grands et les plus véritables services aux jeunes filles dans l'enseignement de l'horticulture. Il leur enseignera la bonne tenue d'un jardin, la culture des fleurs, des légumes, les procédés nouveaux pour la culture, l'entretien et la conservation des fruits. On ne saurait croire tout ce qu'une mère de famille trouve de ressources dans son jardin s'il est bien tenu : des fleurs pour orner et égayer son intérieur les jours de fête et le rendre agréable aux siens ; des légumes, des fruits de toutes sortes dont elle varie ses aliments et dont elle tire un revenu de son superflu.

Parcourez les villages et voyez dans quel état se trouvent la plupart des jardins, et tout cela parce qu'on n'a pas songé à cette gymnastique et parce qu'on n'a pas donné le goût du jardinage à la jeune fille. Cependant toutes aiment les fleurs, dans tous les pays elles en forment des bouquets ; mais ce n'est qu'au sein du bien-être qu'elles conçoivent l'idée d'en embellir leurs demeures. La culture des fleurs, chez les villageois, annonce une révolution dans tous les sens. C'est un plaisir délicat qui se fait jour à travers des organes grossiers, c'est une créature dont les yeux s'ouvrent ; c'est le sentiment du beau, une faculté de l'âme qui s'éveille. L'homme comprend alors qu'il y a dans les dons de Dieu quelque chose de plus que le nécessaire : les couleurs, les formes, les parfums sont aperçus pour la première fois, et ces charmants spectacles ont enfin des spectateurs. Ceux qui ont parcouru comme moi nos campagnes peuvent en rendre témoignage ; un rosier sur une fenêtre, un chèvrefeuille à la porte d'une chaumière, sont toujours d'un bon augure pour le voyageur fatigué. La main qui cultive des fleurs ne se ferme ni à la prière du pauvre ni aux besoins de l'étranger.

« Ces exercices, dirigés avec intelligence et exécutés avec plaisir, établiront entre tous les organes un équilibre salutaire, au prix peut-être d'une lassitude de corps qui prouve le calme de l'imagination et du cœur et sont aussi un préservatif contre les passions naissantes. Ils seront également favorables à l'action de l'intelligence qui, par suite des rapports mystérieux du corps et de l'âme, s'exerce plus librement lorsque nul obstacle physique ne ralentit son essor. » (A. M.)

Nous ne pouvons que nous associer à ces idées et à ces conseils pratiques donnés par des hommes si compétents en cette matière. Facilement applicables partout. ils exerceront l'influence la plus heureuse sur la santé et le cœur des jeunes filles.

Travaux à l'aiguille. — L'article 1er de la loi du 10 avril 1867 a prescrit que dans toute école mixte. tenue par un instituteur, une femme nommée par le préfet, sur la proposition du maire, soit chargée de diriger les travaux à l'aiguille des filles. Les instructions ministérielles ajoutent : il serait à désirer que cette personne pût assister aux leçons et à la sortie des jeunes filles. Sa seule présence sera tout à la fois une garantie pour les maîtres et pour les élèves. Cet article et ces instructions si sages, sont encore bien imparfaitement observés dans beaucoup d'écoles. Il y a des communes où on n'a trouvé personne qui voulût ou pût se charger de donner ces leçons, et là où on a pu trouver une femme capable de les donner, elle ne les enseigne qu'une ou deux fois par semaine aux élèves les plus âgées seulement, et celles du cours élémentaire restent inoccupées pendant ce temps. Les plus favorisées sous ce rapport sont celles où la femme de l'instituteur, assez heureux d'avoir trouvé une compagne qui, ayant reçu en même temps le double bienfait d'une instruction solide et d'une bonne éducation, et joignant la tendresse et la douceur d'une mère à la patience et au dévouement d'une institutrice, veut bien se charger de cet enseignement, travailler à la tâche de son mari et élever les jeunes filles qu'il instruit. Sa tâche est des plus importantes, car il ne s'agit pas seulement d'enseigner aux jeunes filles le tricot, la couture, la broderie, en un mot tous les travaux qui sont la spécialité de leur sexe. mais de leur donner, dès leur jeune âge, ces habitudes d'ordre, de propreté, d'exactitude, d'attention et de bon goût ; leur faire acquérir l'agilité, la dextérité des doigts. les initier à cette vie d'intérieur qui est comme leur élément et leur faire contracter toutes les qualités. toutes les habitudes qui sont propres à y procurer le bien-être, à y répandre le contentement, la joie et le bonheur. Pour les acquérir on ne peut pas s'y appliquer trop tôt et c'est par les jeunes filles du cours élémentaire qu'il faut commencer.

Le premier exercice sera le *pliage*. Cette occupation ne demande pas de dépense et malgré sa simplicité renferme des éléments variés pour l'éducation et mérite ainsi le premier rang dans cet enseignement. « La feuille à plier, le seul matériel nécessaire, se compose d'une feuille de papier blanc ou colorié, et là où une étroite économie l'exige, du papier dont on s'est déjà servi dans les leçons d'écriture, que l'on dispose de la manière suivante : On pose la feuille sur la table de manière que les deux côtés les plus longs se trouvent en haut et en bas et les deux plus courts à droite et à gauche. On la plie alors de manière à superposer les coins ou angles inférieurs sur les supérieurs ; ces derniers sont rabattus vers le milieu, la feuille est retournée et on procède de même avec les deux autres angles ; on obtient ainsi la forme d'un trapèze. Si on déplie le tout par la ligne du milieu, on développe un hexagone dans lequel on remarque quatre triangles dont, en en réunissant deux, on forme un grand. La feuille est pliée de nouveau d'après la ligne principale de ces trois triangles, et coupée proprement de manière que les deux grands triangles soient séparés des deux bandes simples et carrées du milieu. On plie de nouveau chacun de ces deux triangles d'après le pli déjà obtenu qui sépare les petits triangles et on les coupe selon ce pli. Par là on obtient quatre petits carrés qui servent à plier et un morceau de papier rectangulaire qui, pour habituer l'enfant à l'ordre et à l'économie, est réservé comme matériel pour le tressage.

En pliant et en dépliant du dedans au dehors, du haut en bas et toujours d'une manière différente, l'enfant parvient à composer des formes comme un oiseau, un bateau, un double bateau, une salière, une fleur. (Fischer.)

Il est impossible et même inutile de donner une description exacte de la manière dont on peut obtenir par le pliage les diverses formes plus ou moins agréables ; des exercices pratiques et souvent répétés, ainsi qu'une observation attentive conduiront dans peu de temps plus loin que les plus longues explications et les meilleurs dessins. On doit seulement avoir en vue de délier les doigts, d'exercer l'imagination et d'inspirer de bonne heure l'habitude de la propreté et de l'ordre, le goût, l'adresse de plier plus tard les objets de toilette et de lingerie.

Le tressage. — « Les enfants regardent le tressage comme une de leurs occupations favorites et il n'y a peut-être pas une occupation qui agisse aussi efficacement sur le développement de l'attention, de l'intelligence et du goût que le tressage. Le but principal qui est la culture du sens des formes et des couleurs, renferme en même temps l'exercice de l'adresse des doigts et la combinaison de la main et de l'œil dans la production des formes ; la faculté des nombres y trouve son élément et la combinaison des nombres un exercice continuel, en ce que l'observation des nombres est surtout fortifiée par la diversité des formes et des couleurs.

Comme le tressage est une espèce de tissage, les matériaux en sont doubles : la feuille de papier qui est remplacée chez le tisserand par la trame, et les bandes qui font l'office de la chaîne. La première consiste en une feuille de papier in 8° de différentes couleurs dans laquelle on a taillé des fentes dans le sens de la largeur à une distance de cinq centimètres, en laissant un bord de cinq centimètres de chaque côté. Puis on coupe des bandes de papier colorié d'une largeur de cinq centimètres à peu près. Petit à petit on coupera les deux, la feuille et les bandes, toujours plus étroites, selon l'habileté des enfants. Une aiguille à tresser est indispensable ; elle peut être faite tout simplement en bois par l'institutrice elle-même, mais elle est plus commode en acier. Elle a à peu près une longueur de dix à vingt centimètres, elle est plate, plus mince à une extrémité et plus large à l'autre, elle a une fente au bout le plus large dans laquelle on introduit la bande à tresser. Ces bandes sont passées à travers les fentes de la feuille de papier d'après les règles du tressage. Ces règles se fondent sur les nombres, elles indiquent les rapports entre les bandes qui devront passer sur ou sous les bandes de la feuille de papier ; par là se reproduisent les différents dessins.

La règle la plus simple est celle d'après laquelle une bande est levée et la suivante abaissée. Elle est désignée par 1 l (lever), 1 a (abaisser). Les formules simples les plus importantes sont :

1 l — 1 a	2 a — 1 l	3 l — 3 a	2 a — 3 l
1 a — 1 l	1 l — 2 a	3 l — 1 a	3 a — 3 l
2 l — 1 a	2 l — 2 a	3 l — 2 a	3 a — 1 l
1 a — 2 l	2 a — 2 l	1 l — 3 a	3 a — 2 l, etc.

Pour donner un peu de solidité au tressage, il faut que chaque bande soit bien placée contre celle qui la précède. On peut aussi coller avec de la gomme le haut des bandes sur les bords de la feuille de papier. Chaque modèle sera répété jusqu'à ce que les enfants puissent le tresser sans faute.

Mais pour ne pas les ennuyer par la répétition du seul et même modèle, on peut varier le choix des couleurs. Ce choix ne devra pas être arbitraire, mais répondre aux règles de l'harmonie des couleurs. Sur un fond sombre on tressera un modèle clair et vice versa. » (Fischer.)

On voit par ce qui précède que l'attention, cette qualité si précieuse, ainsi que la bonne volonté, conditions et comme instruments indispensables de la vie pratique, sont exercées ; avec elles, on peut tout espérer, tout obtenir ; sans leur concours on ne peut rien entreprendre d'important. Pour les jeunes filles qui nous occupent, on ne leur demande qu'une chose simple, facile et de courte durée. En partant de ce faible commencement, on peut devenir un peu plus exigeant à mesure que les enfants grandissent et les appliquer à des sujets plus sérieux et plus importants. Le goût du beau se forme en même temps par la direction que l'institutrice sait donner à ces utiles leçons, en dirigeant ces petits ouvrages d'agrément dans le choix des dessins et dans l'assortissement des couleurs ; sa tâche sera ainsi facilitée quand plus tard elle les guidera dans tout ce qui concernera la toilette d'une jeune fille.

Le découpage. — « Les enfants montrent généralement

de très bonne heure le penchant et le plaisir de découper papier, étoffes, etc., avec les ciseaux au grand préjudice et chagrin des parents. A ce penchant, il est remédié, non en supprimant les ciseaux, mais en les dirigeant vers un but utile et conforme à l'éducation. Pour tout matériel on se sert, comme pour le pliage, d'une feuille de papier carrée. On la plie de manière à obtenir huit triangles superposés. Avec cette forme principale on peut obtenir par des coupures perpendiculaires, horizontales et obliques une foule de figures que l'enfant peut coller sur une feuille de papier ordinairement blanc. La variété des formes se produit ici par l'emploi de toutes les coupures qui se produisent par le découpage.

On distingue trois sortes de découpages : 1° le découpage en suivant le contour des images ; 2° le découpage libre d'après des modèles sans dessiner le modèle sur le papier ; 3° le découpage de formes quelconques dont l'enfant trouve le modèle lui-même.

Cet exercice ne présente pas de difficultés propres. La main gauche tient la feuille à découper et la tourne d'après la forme indiquée ou qu'elle veut donner vers les ciseaux qui sont conduits par la main droite. Toute l'adresse consiste à ne pas s'arrêter en découpant, afin que les contours soient toujours nets.

Mentionnons ici un exercice qui plaît beaucoup aux enfants. Il consiste dans le découpage de petites feuilles de papier de couleurs en petits carrés d'une dimension quelconque et de petites tiges de paille coupées sur une longueur de quatre à cinq centimètres. L'enfant se sert d'une aiguille à raccommoder enfilée, et la pousse exactement par le milieu du petit carré, puis du tuyau de paille en alternant, tantôt avec un petit carré, puis avec le tuyau de paille. Il formera ainsi des guirlandes qui peuvent servir d'ornement dans toutes les fêtes. » (Fischer.)

Dans l'intervalle de ces exercices on enseignera aux plus avancées le tricot. Pour cela on leur fera apporter de la laine et deux aiguilles, on leur montrera à faire un tricot uniforme, tel qu'une jarretière, une bretelle, etc.; plus tard on leur fera apporter quatre aiguilles et on leur apprendra à faire un bas, d'abord à tricot uni, puis à côtes, à augmenter et à diminuer les points, à poser le talon, à remmailler, etc., etc.

Maintenant qu'elles sont arrivées au tricot, que les doigts des petites filles ont été exercés et qu'elles ont été habituées au maniement de l'aiguille et des ciseaux, l'institutrice les mettra aux travaux à l'aiguille proprement dits. Mais ici se présente une difficulté. Les parents ne savent ou ne veulent rien donner à la petite fille pour s'exercer à ces travaux, et cette dernière n'y montre souvent pas assez de goût non plus. Voici ce que nous vous conseillons. Que chaque petite fille ait une poupée; elles en veulent toutes. Or, aucune leçon ne vaut l'enseignement de la pratique. Tout ce que vous répéterez à vos élèves sur l'agrément et l'utilité qu'elles trouveraient dans les travaux à l'aiguille, les persuaderont moins qu'une aiguille placée par vous entre leurs mains et une poupée sur leurs genoux. C'est ainsi que vous pourrez commencer entre les deux personnages, nous voulons dire la petite fille et la poupée, ces relations de tendresse et de bons soins qui seront dès lors le reflet fidèle et divertissant des relations de l'enfant avec sa mère. Ecoutez ce que dit M. Théry à ce sujet : « En présence de sa poupée, notre élève prend les sentiments d'un autre âge, sans rien perdre de la candeur du sien. La poupée est docile et se prête à toutes les combinaisons ; sa mère adoptive examine, invente, exécute ce qu'elle croit lui être nécessaire ; la poupée semble un être faible et dénué de tout, l'enfant la protège, et se charge de la couvrir et de la parer.

Cette situation factice, mais attachante, pousse la petite fille à chercher ce qu'il convient de savoir, quand on a un ménage à conduire et des enfants à élever ; elle découvre qu'on doit apprendre la couture, étudier la disposition des vêtements ; elle acquiert en même temps des connaissances et du goût. Les petites proportions dans lesquelles se renferment les ouvrages destinés à la toilette de la poupée, sont une facilité aussi bien qu'un attrait pour l'enfant. Elle a du plaisir à réaliser en peu de temps la miniature de ce qui coûte un travail assez long à des ouvrières ; mais elle commence aussi à faire des essais pour son propre compte. C'est elle qui coud les parties les moins difficiles de son linge, et plus tard, l'habitude acquise par degrés lui donnera le goût et le talent de faire elle-même toutes les pièces de sa garde robe. Seul, ce dernier travail lui eût paru fade ; aussi par l'agréable soin d'habiller sa poupée, il devient naturel et piquant ; l'un explique et entraîne l'autre. Elle fait ainsi de bonne heure un petit noviciat d'ordre et de science du ménage, qui ne souffre pas d'interruption. Ce qu'elle exécute peut être gauche d'abord, mais il n'importe ; l'habitude se prend, c'est là le grand point ; laissons-lui le temps de se perfectionner, et comptons sur un progrès qui aura sa source dans l'intérêt puissant de l'imitation. » Voilà donc un premier goût bien décidé ; vous n'avez plus qu'à le suivre et le régler.

L'effet moral n'est pas non plus à dédaigner. Il est impossible, dit le même auteur, à l'enfant de se livrer aux soins que sa fille réclame d'elle, sans devenir attentive aux choses utiles. En ne cherchant que son plaisir, elle développe et perfectionne sa faculté d'attention. Ce qu'elle eût négligé comme précepte, elle le fait comme œuvre d'application au profit de la poupée. Or, le travail répété de l'attention hâte en elle la maturité d'une réflexion précoce ; obligée, ou plutôt désireuse de se faire à sa tâche, elle se trouve insensiblement conduite à juger, à comparer, à conclure. Les raisonnements ne sont pas forts, mais ils deviennent assez justes ; ils ne se lient pas avec une grande rigueur, mais ils ne sont pas en contradiction flagrante. La petite fille empressée et diligente autour de sa poupée, simplifie beaucoup, sans le savoir, la mission de l'institutrice qui s'est dévouée à son éducation.

« Le jeu de la poupée n'est pas seulement utile pour développer l'intelligence ; il est encore excellent pour fortifier dans la petite fille le sentiment filial. Ce qu'elle appréciait confusément des bons soins de sa mère, elle le comprend bien mieux, lorsqu'elle tente elle-même de le mettre en action. Tous ses souvenirs. toutes ses impressions de reconnaissance et de tendresse lui reviennent alors, et lui donnent jusqu'à un certain point le mot de l'amour maternel (1). »

L'éducation de la femme par l'instituteur.

Nous venons de passer en revue toutes les matières de l'enseignement qui doivent être enseignées dans la division inférieure des écoles en général et des écoles mixtes en particulier; nous avons montré de quelle manière chacune de ces matières pourra être traitée au plus grand profit des élèves et surtout des jeunes filles. Il ne nous reste plus qu'à traiter la question si impor-

(1) L'institutrice pourra consulter avec fruit : *Enseignement des travaux à l'aiguille dans les écoles primaires*, par Mlles Ros. et Ag. Schallenfeld, traduit par Orth, professeur de langues à Lyon. Librairie Delagrave, 1877, 1 vol. in-8, 72 pages, prix : 1 fr. 50

tante : l'éducation que les jeunes filles doivent recevoir de l'instituteur jusqu'à leur sortie de l'école et les principes qui doivent guider ce dernier dans cette tâche si difficile. Nous ne parlerons par conséquent pas de l'instruction dans les classes supérieures, donnée en commun avec les garçons et que rend obligatoire le programme officiel. Nous ne traiterons donc que les qualités les plus importantes, spéciales aux jeunes filles, et la manière de les leur faire acquérir pour leur bien propre et pour celui de tous ceux avec lesquels elles se trouveront en contact toute leur vie.

Nous avons dit que dans le système des écoles mixtes, les filles suivent les mêmes leçons que les garçons, et c'est peut-être le motif le plus sérieux de leur abandon de l'école, à l'âge où elles feraient le plus de progrès dans l'instruction et surtout dans l'éducation.

Personne ne contestera que jusqu'à l'âge de dix à onze ans, les jeunes filles montrent généralement plus d'intelligence que les garçons, leur mémoire est plus grande, plus fidèle, leur conception plus facile et leurs facultés intellectuelles plus éveillées, aussi leurs progrès sont plus rapides que ceux des garçons. Se voyant donc obligées de marcher au pas avec ces derniers, de répéter fréquemment ce qu'elles avaient compris, saisi et retenu au premier moment, elles se fatiguent, s'ennuient et finalement quittent une école où elles ne font pour ainsi dire que tourner dans le même cercle pendant deux ou trois ans. Ajoutez à cela la monotonie des travaux à l'aiguille qui se bornent généralement a peu de choses, et vous ne serez pas étonné d'entendre les parents, les mères surtout, vous dire en parlant de leur fille : Elle sait tout ; elle est toujours la première ; on ne peut plus rien lui enseigner ; elle est trop grande pour aller avec les garçons ; elle ira en pension ; ou nous la mettrons chez une couturière ; ou elle ira à l'école de filles du village voisin, etc., etc. C'étaient toujours les mêmes réponses que j'obtenais quand je m'informais de l'abandon de l'école par une jeune fille. La plupart n'allaient ni en pension, ni dans une école de filles, mais restaient à la maison où on les occupait aux travaux des champs, ou on les envoyait dans une fabrique, partout et toujours au milieu des hommes. Que deviennent-elles dans ce milieu ? Je ne parle pas de l'instruction qu'elles avaient reçue et dont en très peu de temps il ne reste plus de traces, mais de l'éducation, de leur santé même. Elles s'hommassent, c'est-à-dire qu'elles deviennent hardies, effrontées, dures et perdent peu à peu cette modestie, cette candeur, cette aisance et cette politesse qui donnaient tant de charmes aux autres qualités de l'esprit et du cœur.

D'abord on se borne à leur faire conduire les troupeaux et à aider à la moisson ; plus tard elles conduisent la charrue et peu à peu on les oblige à faire des travaux plus pénibles qui ne devraient appartenir qu'aux hommes. Jeunes filles, un instinct de coquetterie et les prévisions de leur mère les éloignent pour un instant des rudes fatigues de la culture ; mais aussitôt mariées, tout change, elles abandonnent la maison et suivent leur mari aux champs. Vous les voyez courbées vers la terre comme des manœuvres, ou chargées de fardeaux énormes comme des bêtes de somme. Dès lors, leur peau se ride, leur visage se charbonne, leurs traits s'hommassent et elles tombent dans une décrépitude anticipée plus hideuse que celle de la vieillesse, et suivant la remarque de Buffon, meurent aussi en plus grand nombre que les hommes, à cause des rudes travaux dont on les accable.

Mais pendant qu'elles font l'ouvrage des hommes, les travaux des femmes, ces travaux qui adoucissent tous les autres, restent inconnus ou négligés. Rien de plus sale, de plus malsain que l'intérieur de leur maison Quand une de ces femmes rentre le soir, personne ne l'accueille, rien ne flatte son regard, la table est vide et le foyer glacé. D'autres travaux l'attendent, et avant de songer au souper du mari et aux soins des enfants. elle doit songer aux soins de l'écurie et au souper des bestiaux. Aussi son mari ne connaît rien de cette vie douce et facile, que lui ferait une compagne bien élevée et ne s'adonnant qu'à l'éducation de ses enfants et aux soins de son ménage ; il ignore le bien-être, le charme des caresses ; ses enfants tremblent devant lui et sa femme redoute la vigueur de son bras. Adversaire et non protecteur de ces êtres si faibles, il ne connaît que la loi de la force. Aussi s'éloigne-t-il, dès qu'il aura un instant, de son foyer qui ne respire ni cet ordre, ni ce calme qui réparent le cœur après le travail, et où ne le retiennent point les tendres soucis, les délicates attentions d'une épouse pieuse, soigneuse, intelligente et économe. Voilà ce que vous voyez dans toute maison où la femme se livre aux travaux de l'homme ; alors les travaux de la femme restent à faire, c'est-à-dire qu'aucune lumière du cœur, aucune inspiration morale ne viennent se mêler aux habitudes de la vie matérielle ; que les serviteurs sont sans guides, les maris sans conseils et les enfants oubliés. Vous n'entendez parler ni de Dieu, ni de religion ; les enfants se lèvent, se couchent, mangent, sans jamais songer à Celui qui leur a donné la vie, la leur conserve et leur prodigue ses dons pour l'entretenir ; la mère part de bon matin pour les champs, prépare vite le déjeuner et le diner, rentre tard, donne à la hâte quelque chose à manger aux enfants et les envoie coucher. Les dimanches, les jours de fête ressemblent à peu près aux jours ouvriers ; on ne connait la maison de Dieu que pour y aller le jour de la première communion d'un enfant, d'un mariage, d'un enterrement ; on ne songe ni à l'anniversaire de ces fêtes, ni à celui de la fête du père ou de la mère ; on n'a de temps qu'à songer aux champs, aux animaux afin de les faire produire, engraisser et rapporter.

Cette femme ne connait plus même la charité, cette vertu si douce, la plus tendre et la plus utile de toutes. Elle a appris dans ses leçons d'histoire sainte, dans les paraboles du Sauveur comment elle doit être pratiquée · mais comme sa sensibilité a été émoussée par les soins tout matériels, et son temps presque exclusivement consacré aux travaux qui l'appellent hors de la maison, elle n'a plus ni le temps, ni l'occasion de la pratiquer, et peu à peu son cœur se dessèche, cette source d'amour tarit et avec elle l'amour de ses semblables et les bénédictions de Dieu.

Et puisque je viens de parler du dimanche, laissez-moi vous dire que cette femme ne connaît et ne pratique plus cette loi divine : « Souviens-toi du jour du repos pour le sanctifier. » dit l'Éternel. Et elle et les siens profanent ce jour, et ne connaissent plus ce repos qui est cependant un moyen, une voie pour arriver au but de la sanctification. Ecoutez à ce sujet Me Necker de Saussure : « Une mère religieuse aura toujours présente à l'esprit la grande destination du dimanche ; jamais elle n'aura pour sa part à se reprocher d'avoir laissé déchoir une institution si sainte et si évidemment marquée du sceau divin, bienfait du Créateur pour l'humanité sous la forme d'un hommage exigé pour sa propre gloire. L'indigent y a gagné une augmentation de salaire, puisque le prix de six jours de travail a dû pouvoir suffire à l'entretien d'un jour de loisir; la sagesse humaine s'est bien trouvée de ce temps d'arrêt, où l'action du mécanisme assourdissant des choses du monde est suspendue, où chacun peut se reconnaître, respirer et se demander : Où vais-je ? quel sera le résultat de mes efforts ? Le soin des intérêts éternels, le développement de l'élément céleste dans l'âme, cesseraient d'occuper une multitude d'êtres s'il n'y avait jamais de trêve aux soins d'ici-bas, si Dieu n'avait pas mis en réserve une journée où l'homme eût le temps de penser qu'il est immortel.

Durant cette sainte journée, le service divin, le culte de la prière, l'examen des fautes dans le passé et celui des moyens de se corriger à l'avenir, enfin les instructions religieuses répondront pour tous, maîtres, enfants et domestiques, au devoir de la sanctification ; puis la mère se souviendra que le dimanche a encore une autre destination; la défense de travailler a eu un but de plus que celui de laisser tout le loisir possible pour l'accomplissement des devoirs religieux. Il faut, dit l'Écriture, que l'étranger et que le fils de la servante reprennent leurs forces ou reprennent haleine, en anglais : *may be refresched,* expressions qui donnent l'idée de ce renouvellement de vie, de cette restauration des facultés qu'on éprouve, après être sorti d'un état forcé pour passer à une situation opposée. Il se peut ainsi qu'une mère croie devoir ranimer les esprits et les forces de ses filles. de ses domestiques, en leur permettant quelque diversion à une vie souvent uniforme et trop sédentaire, mais elle aura soin du moins, que rien ne vienne troubler la solennité du dimanche et que tout y respire la sainteté. Alors, quand toute sa maison verra revenir ce jour si doux et si religieux, chacun dira avec le Psalmiste : « C'est ici la journée que l'Éternel a faite, réjouissons-nous en elle. » Parcourez les campagnes et dites-moi combien vous rencontrerez de ces mères, de ces femmes chrétiennes qui ce jour-là s'occupent au moins de leurs enfants. Les soins de ces derniers viennent en seconde ligne ; on leur laisse à peine le temps de préparer et d'apprendre des leçons auxquelles elles n'entendent plus rien, pour lesquelles elles se montrent néanmoins difficiles et exigeantes, et dont on accuse l'infériorité ou l'ignorance, le pauvre instituteur ou la malheureuse institutrice bien innocents pourtant. Et comme l'extérieur donne naturellement une juste idée de leur intérieur, vous voyez les enfants avec leurs vêtements en désordre, déchirés, à peine ou mal raccommodés ; la jeune fille mise sans goût, sans simplicité, les couleurs et les étoffes mal assorties à l'âge et aux saisons, à l'état et à la physionomie ; les habits mal ajustés à la taille et gênant les mouvements du corps en ne lui laissant aucune ou peu de liberté, tout enfin prouve ou que la mère ne se donne pas la peine, ou le temps de songer à ses enfants, ou que son éducation a été mal faite ou négligée.

Quel est donc le remède à opposer à cet abandon précoce de l'école, à l'amélioration du sort des femmes et par elles à celui des enfants et des pauvres habitants de la campagne?

Quelle marche faut-il suivre pour faire de nos jeunes filles des femmes utiles, qui comprendront la grandeur de leur rôle en ce monde ; des chrétiennes actives et généreuses, capables d'en porter dignement le fardeau. et faire en sorte que l'éducation de l'esprit, des manières ne fassent pas oublier l'œuvre plus importante de l'éducation du cœur ?

Le premier est de réformer l'enseignement spécial aux filles et de lui donner une direction qui leur permette un jour de diriger avec intelligence les affaires intérieures de la maison, d'instruire, d'élever leurs enfants. de leur faire acquérir cette supériorité intellectuelle et morale et par là cette influence vivifiante qui enrichit les chaumières et qui civilise les peuples.

Leur éducation sera avant tout chrétienne ; vous travaillerez, sous les yeux des familles, à pétrir l'esprit des jeunes filles, à l'armer de toutes les connaissances et de toutes les vertus que réclame notre état social et les familles voyant sur quels types, vers l'imitation de quel idéal vous le dirigerez, viendront à vous avec ce qu'elles ont de plus cher, l'âme et l'avenir de leurs jeunes filles.

J'ai toujours eu le plus grand respect pour l'instituteur, mais je me sentais de plus en plus pénétré de sympathie et d'estime, quand je me trouvais en présence de celui qui avait la charge d'élever et d'instruire les jeunes filles ; quand je songeais que l'avenir des mères de famille et par conséquent celui de la société, dépendait en grande partie de cet homme simple, modeste, préparant sans bruit et souvent sans encouragement.

sans récompense, des mères de famille, des femmes chrétiennes qui un jour auront tant d'influence sur leurs frères, leurs maris, leurs enfants, par conséquent sur la société entière. Il redoublait quand j'en rencontrais qui, comprenant bien leur mission, cherchaient à la remplir avec conscience, qui savaient que l'éducation qu'ils donnaient. était une transmission de vie morale, une véritable paternité. Or, n'est-ce pas une des lois essentielles de la vie, qu'elle ne se transmette qu'à certaines conditions d'identité ou tout au moins de ressemblance? Dans le monde physique, la plante et l'animal ne se reproduisent que dans leurs espèces; et en communiquant la vie, ils communiquent en général leur conformation, leurs besoins, leurs aptitudes. Eh bien. je crois que, sauf la part des exceptions et de la liberté, la vie morale se transmet aux mêmes conditions de similitude. Pour la faire passer dans les autres, il faut d'abord que les maîtres en soient eux-mêmes doués; car ce qu'on n'a pas, dit un proverbe, on ne saurait le donner. Il faut de plus qu'ils possèdent la vie morale dans sa plénitude, sans mélange d'infirmités ou de souillures; sans quoi ils ne la communiqueraient à l'enfant qu'altérée ou incomplète. Tout le monde sait qu'il y a un sang vigoureux ou des maladies héréditaires qui nous viennent de la naissance; j'affirme, moi, qu'il y a aussi une vigueur morale ou des germes dépravés, qui nous viennent de l'éducation. En un mot, la vie morale se transmet dans les conditions mêmes où elle existe, faible ou forte selon que l'éducateur est tiède ou fervent dans le bien ; de là les adages : Tel père, tel fils ; tel maître, tel élève. Voilà la loi ; les exceptions, quelque nombreuses qu'elles soient, ne sauraient l'infirmer.

Ne semble-t-il pas, que le Créateur lui-même ait voulu formuler en quelque sorte cette grande loi de la paternité, lorsqu'il s'est dit, avant de créer l'homme : *Faisons-le à notre image et ressemblance?* Et, comme pour mieux expliquer cette divine transmission d'existence, nos livres saints remarquent que Dieu tira de lui et fit passer dans l'homme un souffle de vie, *spiraculum vitæ*. Eh bien ! c'est aussi la manière dont s'exerce cette grave paternité de l'éducation dont on parle si souvent, et que si peu de gens comprennent dans sa haute signification. L'instituteur aussi, il faut qu'il tire du fond de son âme les idées vraies, les sentiments nobles, les impressions religieuses, tout ce qui fait la vie morale, *spiraculum vitæ*. Si tout cela n'est que dans ses paroles ou dans ses dehors, non dans sa conviction, non dans ses habitudes, tout cela sera vain comme un bruit qui ne frappe que l'oreille, stérile comme une lettre morte qui ne saisit que les yeux ; ce ne sera pas le souffle animé qui fait palpiter les âmes, ce ne sera pas la vie qui engendre la vie, *spiraculum vitæ*. Et si, à la place de ce qui fait la vie, il n'a que de tristes éléments de mort, l'impiété ou le doute, la cupidité ou le libertinage, fussent-ils cachés dans les replis de l'hypocrisie la plus habile, l'enfant, soyez-en sûr, en subira l'influence, et, à moins d'une grâce particulière du ciel, son âme en portera plus ou moins l'image. Quelle responsabilité quand il se dit que chacune de ses paroles, de ses impressions, de ses œuvres exercera une influence et laissera peut-être son empreinte sur ces natures molles qui deviendront des mères de famille! (Dauphin, *De l'Éducation.*)

C'est encore parmi tant d'autres, une lacune dans l'enseignement donné dans nos écoles normales que de ne pas préparer les futurs instituteurs à l'enseignement et à l'éducation des femmes. Si j'avais à faire l'éducation d'une jeune fille, je commencerais par être effrayé de cette tâche difficile; je demanderais tous les jours à Dieu la grâce du discernement pour cultiver cette fleur délicate, pour développer, en les équilibrant, toutes les facultés de l'intelligence et du cœur; car rien n'est plus difficile, rien n'est plus délicat que l'éducation de la jeune fille, et rien aussi n'est plus important. Elle est d'autant plus difficile qu'elle doit être souvent une œuvre d'inspiration; et c'est avec une sollicitude, avec une précaution de tous les instants qu'une jeune fille doit être dirigée. En général, elle est douce, d'un esprit facile, curieux, léger, peu profond et rarement capable de saisir un ensemble d'idées étendu; elle agit presque toujours de prime-saut, si je puis rappeler ici l'expression de Montaigne, sous l'empire d'une impression fugitive, par entraînement ou par sentiment. Il lui faut, à la fois, de l'affection et de l'autorité, du silence et du bruit, du calme et de l'activité, de l'ordre et jusqu'à un certain point de l'imprévu et tout cela avec un tel tempérament, qu'elle ne puisse exclusivement se livrer ni à l'un ni à l'autre. Son caractère, ses qualités et ses défauts fournissent les plus sûrs moyens de l'exciter au travail ; si sa mobilité naturelle lui fait prendre en dégoût une étude utile, le désir de plaire ou la curiosité adroitement réveillée, pourront l'y ramener. De là des procédés particuliers d'enseignement, des moyens plus propres pour agir sur elle et différents de ceux employés pour les garçons, car les facultés de l'esprit reçoivent de la nature, en se développant, chez le jeune garçon et la jeune fille, une direction qui n'est plus la même quoiqu'elle tende toujours au progrès.

« Si nous ne considérons que la marche de l'intelligence, dit M. Salmon, une différence notable se manifeste entre les jeunes garçons et les jeunes filles, lorsqu'elle a reçu ses premiers développements ; moins ouverte ou plus tardive chez les premiers, elle est plus précoce et plus vive chez les secondes ; un rien l'y éveille, mais aussi un rien l'y distrait ; si le jugement saisit vite, l'attention s'y soutient moins longtemps les études qui se prolongent, les méditations qui approfondissent ne sont pas le but des élèves du sexe ; une imagination plus mobile, jointe à une sensibilité extrême, hâte chez elles le jeu de la pensée, excite de bonne heure la mémoire et facilite son action. Ainsi, dans toutes les matières où elle a le rôle principal, les jeunes filles l'emportent sur les garçons; ils sont plus forts en arithmétique chiffrée mais non en calcul oral; elles apprennent mieux le catéchisme et l'histoire sainte; ils raisonnent mieux les règles de la grammaire, mais dans leurs compositions, des pensées plus fines nourrissent leurs récits, des images plus douces, des couleurs plus tendres peignent leurs sentiments. »

La mémoire. — Nous avons dit plus haut que l'instituteur a à former dans les jeunes filles des qualités ou facultés indispensables à une future mère de famille. Les pédagogues les plus célèbres ont distingué ces facultés en facultés supérieures, parce qu'en même temps qu'elles élèvent l'âme au-dessus des sens, elles se déterminent dans leurs actions par quelque raison ou motif d'agir, ce qui les rend *réfléchies*. Tout ce que l'âme *veut* est fondé sur quelque motif qui le lui fait vouloir. Tout ce que l'âme *entend*, elle le *retient*, parce qu'elle le comprend, ou parce qu'elle a quelque motif qui le lui fait comprendre. « Le but qu'on se propose dans les études, a dit M. Ozanam, n'est point précisément le savoir, mais l'exercice. Il ne s'agit pas tant de littérature, d'histoire, choses qui s'oublieront peut-être, que d'affermir la mémoire, le jugement, l'imagination qui demeureront. » Cela deviendra plus intelligible par l'examen que nous allons faire de ces facultés. Commençons par la mémoire.

Il faut cultiver dans les jeunes filles la mémoire,

surtout cette mémoire de réflexion qui doit être l'apanage des femmes, car c'est elle qui fournit à leur esprit cette abondante provision d'idées justes et de bonnes pensées qu'on aime tant rencontrer en elles. Si un jour elles pensent bien, c'est parce que vous leur aurez gravé de bonne heure dans leur mémoire des choses bien pensées ; si elles écrivent bien, ce sera parce qu'elles auront retenu des choses bien écrites et que dans l'occasion elles feront usage des bons modèles qu'elles auront sans cesse présents à leur esprit. Vous serez secondé dans ce travail par le désir qu'elles ont de bien faire. Mais ce mouvement est souvent arrêté par des gronderies, et ensuite parce qu'on rend la réussite hors de portée en imposant un travail trop prolongé. Les tâches interminables que l'essentiel est d'achever bien ou mal, les longues leçons à répéter comme on peut, éteignent à coup sûr le désir de bien faire. Il faut graduer les difficultés de manière que la jeune fille ait toujours le plaisir du succès. Vous avancerez plus réellement vos élèves, en leur faisant posséder à fond deux lignes de vers ou de prose, qu'en vous contentant d'à peu près pour les récitations de longue haleine. Vous choisirez attentivement quels sont les morceaux que vous leur devrez faire lire, et quels sont ceux que vous pourrez faire apprendre par cœur, et en cela vous ne vous réglerez pas seulement sur la difficulté des morceaux, mais sur le plus ou moins de facilité des jeunes filles. Moins elles auront la mémoire complaisante, plus il faudra vous attacher à choisir d'abord exclusivement des vers, et en petite quantité, sauf à augmenter peu à peu la dose, à mesure que l'habitude arrivera. Plus elles auront la mémoire souple et prompte, et plus vous pourrez risquer de faire apprendre des morceaux de prose, d'abord aussi simples que possible, et ensuite exprimant des idées d'un ordre plus élevé. Toutefois le plus essentiel de beaucoup, c'est de ne rien confier à la mémoire qui ne soit parfaitement compris

Ainsi lors même que vous ne leur feriez rien apprendre par cœur, il serait encore très utile de consacrer quelques minutes chaque jour à leur expliquer à fond quelques lignes de vers ou de prose, comme nous l'avons indiqué dans le livre de lectures choisies et de lectures variées. Vous communiquerez une foule de petites connaissances, relatives tantôt au langage même, tantôt aux choses réelles que le langage sert à représenter. Cet exercice, toujours entremêlé de questions propres à tenir l'esprit en activité, est un des plus utiles pour développer l'intelligence et la mémoire. Pour celles dont la mémoire est lente et l'esprit paresseux, outre les morceaux à apprendre par cœur, vous leur ferez faire des analyses, des extraits, des rédactions par écrit, des tableaux synoptiques, etc. Ce travail, en fixant davantage leur attention, gravera plus fortement les leçons dans leur esprit, et l'ordre et la méthode qu'elles sont obligées d'y mettre, leur feront retrouver des idées plus facilement dans l'occasion. Ne les retenez donc pas trop longtemps avec les garçons sur des exercices trop théoriques, trop abstraits, car vous ne leur inspireriez que l'ennui et peut-être le dégoût de l'étude et de l'école. Laissez les preuves, les longs raisonnements, les principes généraux aux garçons, car ne perdez pas de vue que la mémoire suit dans les jeunes filles un développement plus précoce que chez les garçons. Leur facilité pour apprendre et pour retenir les mots, s'unit merveilleusement en général à leur aptitude pour saisir et pour expliquer les choses, car elles possèdent à un degré plus fort des qualités indispensables à l'exercice de la mémoire : la docilité. la volonté, l'obéissance. Les garçons plus opiniâtres. raidiront souvent leur volonté contre ce travail salutaire, tandis que les jeunes filles plus soumises, plus dociles, favoriseront par là cet exercice et assoupliront leur volonté aux efforts qu'il exige. C'est ainsi que tout se lie dans l'éducation : les qualités servent au développement des facultés en développant des facultés ; les défauts y font obstacle et vous ne dirigerez heureusement l'intelligence de vos élèves qu'en vous appliquant aussi à former leur cœur.

L'obéissance. — Tout dans les jeunes filles dispose à l'obéissance : un naturel craintif, un caractère plus doux, une sensibilité plus tendre et plus affectueuse, et jusqu'à cette faiblesse de la constitution qui cède à ce qui impose. Elles s'assujettissent donc facilement à la discipline ; l'exactitude n'a rien qui leur pèse, le travail rien qui les rebute. Sachez profiter de ces heureuses dispositions, ne vous montrez jamais trop sévère avec elles, ne commandez pas avec dureté, avec humeur, avec brusquerie, mais reprenez-les avec politesse, avec bonté, avec douceur ; ne les grondez pas inconsidérément, retenez les éclats de votre voix et éloignez les occasions de contrariété, mais surtout évitez la familiarité, car outre les dangers auxquels vous vous exposeriez, elle engendre le mépris. Apprenez-leur de bonne heure à obéir, pliez-les assidûment à ce joug salutaire qu'elles devront porter toute leur vie, quelle que soit la condition que la divine Providence leur assignera. L'obéissance est tellement une condition nécessaire pour l'éducation, elle est si bien le premier devoir que l'enfant conçoive et la route qui mène à l'observation de tous, qu'il n'y a pas sous ce rapport de différence à mettre entre les deux sexes. Toutefois la docilité, cette discipline intérieure qui nous porte à remplir facilement ce devoir, peut bien être l'objet d'une culture particulière chez les jeunes filles. Une fois les jeunes garçons livrés à l'éducation publique, ils sont plus souvent conduits par des règles générales et moins par la volonté des individus ; les femmes, au contraire, sont appelées à porter souvent, et peut-être toute leur vie. le joug d'une obéissance personnelle. Puisque tel est leur sort, il faut bien les y accoutumer ; il faut qu'elles apprennent à céder sans murmure, même intérieur. Leur gaieté, leur santé, leur égalité d'humeur gagneront également dans une docilité prompte et cordiale. Que tout ordre donné soit donc toujours exactement exécuté ; mais n'oubliez pas que tout ordre ne doit pas s'imposer pour les jeunes filles d'une manière sèche et nue, et si le jugement de nos élèves accepte ce que notre volonté leur prescrit, l'obéissance sera plus entière ; car elle sera intérieure, et ne se bornera pas à l'exécution du fait ordonné. Mettez donc le jugement de moitié dans tous vos efforts pour l'amélioration morale. Cependant, comme il est encore incertain et très sujet à l'erreur, que l'hésitation de vos élèves soit alors tranchée par votre autorité. Si le raisonnement détermine l'obéissance, on peut s'en applaudir, mais s'il ne suffit pas, il faut sans embarras, sans délai, exiger la soumission. Mais votre sang-froid, votre calme, votre douceur que vous apportez dans toutes vos relations avec elles, ne seraient d'aucune valeur sans la fermeté pour appui et pour auxiliaire. La fermeté, tempérée par le calme des mouvements et du langage, la douceur grave et imprimant le respect, seront vos armes contre la désobéissance. Maintenant si vous ne songez pas assez à nourrir l'âme de vos élèves, des jeunes filles surtout, du suc de la religion et de la morale, si vous n'arrêtez pas leur attention sur ces préceptes divins qui embrassent et qui règlent leur vie, vos jeunes filles, abandonnées à leurs mobiles pensées, n'obéiront que par sentiment. Mais un sentiment n'est jamais aussi positif, aussi stable, qu'un devoir. Inspirez-leur donc le sentiment d'un devoir supérieur, l'idée toujours présente qu'on obéit à Dieu en obéissant à des parents et à ceux qui les représentent, et qu'en observant les lois que la nature ou un engagement formel leur ont imposées, voilà ce qui interdit toute révolte, voilà ce qui conserve à une femme sa dignité au sein de l'obéissance; voilà ce qui signale en elle l'être immortel, quelle que soit sa mission sur cette terre. En nourrissant dans vos jeunes filles un tel sentiment, vous cultiverez en elles d'autres qualités, vous les doterez de patience, de résignation et de tout le cortège des vertus douces qu'une femme est infailliblement appelée à pratiquer.

Mais que de fois ne vous est-il pas arrivé de vous plaindre de leur distraction, de leur peu d'attention aux leçons que vous donnez en commun, de leurs regards qui errent dans la salle, au lieu de suivre le raisonnement d'une démonstration mathématique, de voir, quand vous les croyiez occupées à leurs devoirs, leurs regards errer dans la salle sans s'y fixer, de saisir des murmures qui se font entendre sur les bancs, quelques rires même mal contenus qui éclatent et malgré vos observations, vos réprimandes, vos punitions même, de voir se reproduire chaque jour les mêmes inattentions, les mêmes scènes, les mêmes désobéissances ! Ah ! que vous connaissez mal le caractère des jeunes filles et que de fois le coupable n'est autre que vous ! Comment, vous voulez qu'elles soient attentives à la démonstration d'un problème spécialement destiné aux garçons, qui n'a aucun intérêt pour elles et dont elles n'entrevoient pas l'application pratique? Vous voulez qu'elles portent leur attention à une leçon de lecture qui ne traite que de l'agriculture ou des sciences? Vous supposez qu'elles ont du plaisir à faire des devoirs dans le même genre? Mais vous êtes dans une erreur profonde. Donnez-leur des problèmes qui se rapportent à la condition des femmes; mettez entre leurs mains un livre de lecture destiné aux jeunes filles; donnez-leur des devoirs qui ont rapport à leur destinée future, et vous verrez avec quel intérêt elles suivront vos leçons, avec quel plaisir elles feront leurs devoirs et avec quelle attention soutenue elles travailleront. Ensuite, vous n'avez donc jamais songé à la mobilité prodigieuse de leur esprit et à la subtile impressionnabilité de leur organisation nerveuse, à leur faiblesse physique si différentes de celles des garçons, et que votre soin constant doit être de ménager et d'apaiser par des moyens doux et non pas par des reproches et des punitions? Vous vous tromperiez grandement si vous croyiez les corriger par des paroles de sévérité, par une humiliation ou par une punition. Loin de là, le caractère des jeunes filles en souffrirait au lieu d'y gagner; leur sensibilité se dessécherait ou, violemment secouée, pourrait entraîner le dégoût et l'éloignement de votre école. Ne vous plaignez donc pas trop de cette timidité, de cette légèreté qui est pour beaucoup d'enlants, pour les jeunes filles surtout, la source des plus aimables qualités. Ce sont ces deux défauts, comme vous les appelez, qui produiront la simplicité, la naïveté, l'ingénuité, et qui donnent à leur âme cette candeur, cette transparence qui permettent d'observer et d'étudier leurs dispositions, de découvrir leurs bons et leurs mauvais penchants. C'est cette mobilité qui les fait passer en un instant de la tristesse à la joie, de la crainte à l'espérance, et qui fait succéder, sur leurs traits enfantins, le sourire gracieux aux larmes les plus amères. Ceci ne veut pas dire que, tout en reconnaissant que la légèreté et la timidité sont naturelles et jusqu'à un certain point nécessaires à la jeune fille, l'éducation ne doit pas vous venir en aide pour les contenir dans de justes bornes et pour les empêcher de dégénérer en un véritable défaut. Comme nous l'avons déjà recommandé, il faut avec les plus jeunes avant tout pourvoir au besoin du moment, varier et renouveler les leçons et les avertissements aussi souvent que l'exigent la variété et la multiplicité de leurs impressions. Avec les plus âgées, il faut vous rendre maître de cette timidité, de cette légèreté et vous opposer qu'elle devienne de l'étourderie ou de l'insouciance. Vous exigerez de l'attention aux leçons et de l'application aux devoirs, en les obligeant à tenir compte de vos recommandations et à mettre en pratique les avis que vous avez donnés en suivant les conseils que nous avons cités plus haut. Cette habitude d'une attention que la raison éclaire et soutient, est un des instruments les plus utiles tant de l'éducation morale que des études, parce qu'elle donne à tout un caractère d'ensemble et d'unité qui permet de mesurer, pour ainsi dire, chaque jour ce qu'on a fait de progrès dans la science ou dans la vertu. La jeune fille raisonnable et attentive éprouve une satisfaction intérieure ; elle se rend compte de sa journée et se réjouit d'en pouvoir apprécier le fruit, comme tous ceux qui l'entourent ressentent aussi une joie calme qui tient à la certitude d'avoir été écouté et compris. En suivant les indications données plus haut, vous obtiendrez ce résultat et vous ne craindrez plus alors de voir vos paroles perdues, vos leçons reçues et oubliées à la fois et ne rien attendre de sa part qui soit le résultat de l'observation et de la réflexion, quand vous aurez su agir sur sa volonté, vous assurer sa coopération et exciter et entretenir en elle le zèle qui fait avancer. Pour cela il faut qu'elle ait ce qu'on appelle une bonne volonté.

La bonne volonté. — Une volonté ferme est une qualité qu'il faut faire naître au besoin, et qu'il faut toujours cultiver dans les enfants, dans les jeunes filles surtout. C'est pour avoir été privées de cette utile ressource, que tant de jeunes filles sont devenues le jouet et plus tard les tristes victimes de leurs mauvais penchants. L'éducation, en les laissant sans volonté, a manqué pour elles son but, celui de les rendre maîtresses d'elles-mêmes, et capables de prendre dans les occasions difficiles une détermination. « Les âmes fortes veulent, les âmes faibles hésitent, » dit Mme de Krudner.

Et le poëte a dit quelque part :

> Les tiédeurs du vouloir n'enfoncent point de porte ;
> Ce qu'on veut fortement, fortement on l'emporte.

Vous connaîtrez vos élèves sans volonté à cette manière de s'exprimer : Je ne demanderais pas mieux mais.... je voudrais bien, mais.... ah ! c'est trop difficile.... je ne parviendrai jamais, etc. Ne vous contentez pas de ces excuses qu'elles ne vous donnent que pour gagner du temps et pour se soustraire, par une apparence de bonne volonté, à des instances trop pressantes, mais exigez une volonté positive qui s'exprime par ces mots : Oui, je le veux ; je vous le promets ; je le ferai coûte que coûte ; oh ! je veux arriver et j'arriverai bien. Ne leur déguisez pas les difficultés qu'elles auront à vaincre, ne leur cachez pas la peine qu'elles seront obligées de prendre, mais encouragez-les avec bonté, avec calme, avec douceur, en leur faisant voir que ces difficultés ne sont, au bout du compte, pas insurmontables, et pas aussi difficiles qu'elles veulent bien se l'imaginer. L'important c'est de leur faire comprendre qu'elles ne font pas leur volonté en s'abandonnant à leurs caprices et à leurs passions, mais bien en usant de leur liberté pour résister à leurs désirs et à leurs mauvais penchants, et que c'est ainsi qu'elles seront réellement maîtresses d'elles-mêmes. Vous pourrez leur rendre cette vérité sensible, par quelque application particulière dans l'ordre de leurs obligations et de leurs devoirs.

Par exemple, une jeune fille rentre à la maison et se propose de faire ses devoirs, d'apprendre ses leçons pour le lendemain ; elle en a le temps et la bonne volonté, mais elle entend ses camarades qui jouent dans la rue, elle remet son travail au soir ou au lendemain matin et elle n'en trouve plus le temps. Etait-elle sa maîtresse ?.... Une autre voit qu'elle a fait un accroc à sa robe ; elle prend son fil et son aiguille, mais elle se dit : Bah ! cela n'est rien, on ne le verra pas et le soir la déchirure s'est agrandie. A-t-elle fait preuve de volonté ? Non, elle était évidemment esclave de sa paresse qui ne lui a pas permis de faire ses devoirs et de raccommoder sa robe; tandis qu'elle aurait été sa maîtresse si, malgré les sollicitations de la paresse. elle avait pris le parti généreux de travailler. Vous pourrez faire ces raisonnements à tous les défauts : à la désobéissance, au mensonge, à la gourmandise, à la vanité, etc., etc., et soyez sûr que vos élèves comprendront parfaitement où est le véritable empire et où est l'esclavage. Si vous avez soin de renouveler souvent ces leçons, et surtout si vous savez leur ménager de temps en temps quelques occasions de les leur rendre pratiques, vous parviendrez à leur faire acquérir cette force de volonté qui leur sera d'un si grand secours pour résister aux attraits du vice et aux funestes séductions de la vanité et du plaisir. Dans tout cela votre but n'est pas de faire parvenir vos élèves pendant qu'elles sont sous votre direction, à un certain degré de perfection au delà duquel il n'y eût plus rien à faire, mais il consiste surtout à imprimer à leur volonté une bonne direction qui les fasse tendre, pendant toute leur vie, à la perfection dont elles sont susceptibles, et à leur donner les sentiments, les goûts, les habitudes même qui exerceront la plus salutaire influence sur la volonté et qui, dans les moments où elle est le moins capable d'efforts, imprimeront encore une heureuse direction à la conduite

Maintenant comment parviendrez-vous à communiquer à vos jeunes filles ce généreux élan de bonne volonté qui devra les animer toute leur vie pour le bien? C'est en donnant à vos leçons la sanction imposante de l'autorité divine. « Pour faire vouloir à un enfant ce qu'on lui commande, il n'y a pas de moyen plus sûr que de le bien convaincre que Dieu le veut. Son amour-propre qui se révolte si facilement à l'idée de céder à une volonté humaine, s'incline docilement devant cette volonté toute-puissante. Le double sentiment de la crainte de Dieu et du désir de lui plaire fortement imprimé dès l'enfance, devient le plus sûr mobile de la volonté à l'époque où, pour la porter au bien, on n'a plus la ressource des récompenses et des punitions. Ce moyen a sur tous les autres l'avantage d'être continuel, de convenir à tous les âges, à toutes les circonstances, et de ne faire jamais défaut, même lorsque les enfants sont seuls et libres de toute surveillance. Quand vous aurez habitué de bonne heure vos jeunes filles à prendre la volonté de Dieu pour règle de leur volonté. vous leur ménagerez dans l'avenir le point d'appui le plus solide pour leur faire accomplir fidèlement tous leurs devoirs, et leur faire supporter patiemment et sans se plaindre, les chagrins, les souffrances et les épreuves de toutes sortes auxquels n'échappent point celles-mêmes qui semblent destinées à mener en cette vie l'existence la plus heureuse. » (Balme-Frézol.)

Plus tard quand, privées de vos conseils et malgré les soins les plus soutenus, le relâchement, l'apathie, dirai-je, la dépravation momentanée de la volonté, se manifesteront plus ou moins clairement dans la vie réelle; quand elles se sentiront tièdes pour le bien; quand elles ne retrouveront plus les bonnes résolutions de leur jeunesse; quand la crainte même des conséquences de leur faiblesse ne les émeut pas; si après de vains efforts leur âme lassée reste livrée à un penchant funeste que rien au-dedans d'elles ne suffit à balancer : « Je le dis avec une conviction profonde, pour cette situation, hélas! trop fréquente, il n'existe sur la terre d'autre ressource que la religion! Elles vous béniront alors de leur avoir ouvert l'accès de la source élevée où l'âme peut se retremper et reprendre une nouvelle vigueur. Se prosterner aux pieds de Dieu ; se plonger dans cette immensité de consolations et de secours ; puiser à la source de la vie, et nos forces abattues se relèveront dans notre sein. Le calme des régions célestes semble s'y répandre ; une impression profonde et solennelle est pour nous l'annonce d'un état nouveau. État à la fois humble et sublime, où la volonté se soumet, où les intentions se purifient, où nous acceptons l'avenir quel qu'il soit, que Dieu nous destine, et où il semble que sa loi sainte se proclame au dedans de nous. La prière enfin, refuge sacré où nos passions n'osent nous poursuivre, source où se restaure la vie de l'âme, la prière a sur notre cœur une influence puissante, immense, infaillible peut-être, et celle qui ne l'a pas éprouvée n'a pas invoqué Dieu avec assez de persévérance ou de foi. Le besoin habituel de communiquer avec Dieu, de l'implorer dans nos peines, de lui soumettre nos désirs, d'examiner devant lui et sa conduite passée et ses projets futurs, de lui demander la force nécessaire pour persévérer dans le bien et pour renoncer au mal, tel est le sentiment, l'impulsion énergique qui traversera sans s'anéantir, les alternatives de la volonté. » (N. de S.)

L'ordre. — L'ordre, si nécessaire à tous, est une qualité essentielle chez la femme. « Celles qui n'ont point d'ordre, selon Fénelon, ruineraient les maisons les plus florissantes. »

Y a-t-il un arrêt plus sévère que celui qu'on prononce

sur une personne quand on dit : Elle n'a pas d'ordre ? Cette expression ne renferme-t-elle pas une foule de reproches, un blâme qui se multiplie en cent façons ? Ce reproche est d'autant plus grave qu'une femme qui ne maintient pas l'ordre dans ses actions, n'en aura pas gardé dans ses idées et que, si elle laisse aller sa maison à l'aventure, si elle y gaspille les ressources qui eussent assuré le bien-être de ses enfants, elle est toute disposée à recevoir les mauvaises pensées et à les suivre, car le désordre dans les affaires est presque toujours inséparable du désordre dans les idées et dans les actions. Ensuite y a-t-il une mère de famille qui puisse manquer d'ordre sans amener la ruine de tous les siens ? L'ordre est la clef de voûte de l'économie domestique ; celle qui le pratique trouve dans la pauvreté même une sorte d'aisance, et dans l'aisance une sorte de richesse ; dans l'opulence il est un préservatif contre la prodigalité et la dissipation ; dans la médiocrité, il met toujours à l'abri du besoin. C'est à un défaut d'ordre qu'il faut attribuer le renversement de tant de fortunes, et la ruine d'un si grand nombre de familles, qui sont vouées à l'existence la plus misérable, tout en ayant en leur possession ce qui aurait dû, avec un peu plus d'ordre, leur assurer une honnête aisance. Quoique la femme ne fasse pas les grandes affaires qui rentrent dans la mission de l'homme, elle est plus que lui la providence du foyer ; l'ordre est une des premières qualités qu'un homme sensé désirera trouver dans sa compagne. Avec de la fortune il est sujet à toutes les chances; avec de l'ordre dans son intérieur, il est assuré de ne pas manquer. Quelle jouissance et quel bonheur pour lui quand il voit son intérieur bien rangé, les chambres où rien ne traîne, où chaque meuble occupe la place qui lui convient ! Cette joie innocente que lui cause une image de l'ordre en raccourci, à combien plus forte raison ne l'éprouve-t-il pas lorsqu'il peut rendre témoignage à sa femme d'avoir porté dans sa maison tout entière, dans leurs règlements d'affaires, dans les heures de travail, dans les comptes, cette précieuse régularité qui accroît l'aisance et double le temps !

Les jeunes filles ont plus qu'on ne croit le sentiment de l'ordre, car elles aiment généralement tout ce qui augmente leurs jouissances; ce qui leur manque, c'est le courage de prendre la peine nécessaire pour l'établir et pour le conserver. Si parfois elles semblent se complaire dans le désordre et dans la confusion, cette disposition n'est que passagère ; et l'ennui et le malaise qui en sont la suite, font qu'elles désirent rentrer dans l'ordre, ou qu'elles l'acceptent avec plaisir lorsqu'on le fait renaître parmi elles.

L'ordre semble se résumer dans ces aphorismes bien connus : Une place pour chaque chose et chaque chose à sa place; un temps pour chaque occupation et chaque occupation en son temps. Ce n'est pas assez qu'un devoir soit fait; il faut encore qu'il le soit en temps convenable, et dans l'ordre prescrit.

Voulez-vous réussir à inspirer à vos élèves l'amour de l'ordre, donnez-en vous-même l'exemple, en ayant soin de l'entretenir dans votre classe et dans tout ce qui vous entoure. Soyez attentif à ce que tous les objets à votre usage soient toujours bien rangés, et que tout, dans votre personne, soit marqué au coin de l'ordre le plus parfait. Que les bancs et les tables, solidement fixés au plancher, soient en nombre suffisant et convenablement disposés; la surveillance sera ainsi plus facile; tâchez que les livres et les tableaux soient uniformes et vous permettent ainsi d'occuper tous les élèves d'une même division à la fois, vous préviendrez ainsi les désordres qui sont toujours la suite du désœuvrement.

« Introduisez dans votre école l'exactitude et la précision, le silence et la soumission et alors l'ordre ne se fera pas attendre. Il est le règlement mis en action et se confond avec lui, en le reproduisant dans la pratique, quand l'un a fait avec méthode la distribution du temps et des exercices, que votre sagacité a classé les élèves suivant leur degré d'aptitude ou d'instruction, et que votre attention vigilante a pris soin que cette sage distribution ne soit pas interverti, l'autre vient de lui-même, ou l'école le possède et son simple aspect y révèle sa présence. Soyez ferme et persévérant; un

acte de faiblesse trouble l'ordre, un relâchement le détruit. Un maître qui comprend sa mission, l'apporte avec lui dans sa classe, il l'y établit sans violence : mais il l'impose, si la résistance des élèves le repousse, et du moment qu'ils s'y sont façonnés, il devient, parmi eux, une tradition que les anciens transmettent aux nouveaux, et que tous conservent en la suivant. » (Salmon.)

Vous exigerez de vos élèves que leurs livres, leurs cahiers, et tout ce qui est à l'usage de la classe, soient toujours bien ramassés après la leçon et mis soigneusement à leur place ; quand vous ferez la visite de propreté, vous vous assurerez que tout le bagage scolaire de chaque élève est bien rangé dans son sac ou dans sa corbeille ; si vous remarquez sur une jeune fille que ses habits sont malpropres, couverts de taches, qu'ici il manque un bouton, une bride, une agrafe ; que là un accroc n'est pas raccommodé, faites remarquer avec bonté mais avec peine, tous ces oublis, tous ces péchés contre l'ordre, avec prière ou injonction de les réparer le plus tôt possible, avec le désir formel que vous avez de ne plus les voir se reproduire. Dans vos leçons, saisissez toutes les occasions qui se présentent pour offrir aux jeunes filles surtout, des exemples de beauté, de régularité, de l'ordre que la nature prodigue à leurs yeux. Faites-leur remarquer dans tous les objets qui s'offrent à leur admiration, la régularité qui s'y déploie et apprenez-leur ainsi à regarder l'ordre comme un élément de beauté ; montrez-leur quelle symétrie, quel merveilleux assortiment de formes et de couleurs présentent ces oiseaux, ces papillons dont l'aspect les charme. Chaque aile, chaque côté correspond exactement à l'autre, non qu'il y ait parité entière, mais le même dessin s'y reproduit renversé, comme on le voit dans les arabesques. Les fleurs aussi, que les jeunes filles aiment tant, ont un centre autour duquel les formes diverses s'arrangent, et si dans le sens vertical. ou du haut en bas, on n'y trouve pas de symétrie, dans le sens latéral, ou de droite à gauche, il y en a toujours. « Agrandissez encore les idées de vos jeunes filles le plus possible. Faites-leur tourner leurs regards vers le ciel, et montrez-leur dans les astres resplendissants toutes les magnificences de l'ordre. Qu'elles observent le retour et la disparition du soleil à heures réglées; que la succession des saisons et en conséquence celle des récoltes, leur prouvent que les substances de tout ce qui respire sont attachées à l'ordre ; que comme les travaux de la campagne exigent l'ordre, il en faut mettre aussi dans l'emploi des jours et des heures. Montrez-leur que cet ordre matériel si nécessaire à la vie même, n'existerait point sans l'ordre moral, que partout où des désirs immodérés refusent de se soumettre à la règle, la misère arrive à grands pas ; qu'elle arrive dans les nations par la guerre ou par la révolte, dans les chaumières par l'intempérance et jusque dans les familles les plus aisées par la folie

ou par la prodigalité. Que vos jeunes filles voient ainsi de toutes parts une loi du Créateur dans l'observation de l'ordre; loi juste, loi nécessaire, à laquelle les astres, la terre, les animaux et les plantes même obéissent sans le savoir, et que l'homme, éclairé d'une lumière directe, a reçue de la parole même de Dieu. » (Mᵉ Necker de Saussure.)

La propreté. — La propreté est la compagne inséparable de l'ordre et se lie naturellement à tout ce qui intéresse la constitution physique et morale des enfants. Cependant combien prend-on peu de soin de faire acquérir cette qualité si importante aux jeunes filles, à la campagne surtout? N'est-on pour ainsi dire pas habitué à trouver l'intérieur du paysan malpropre? Combien de fois n'est-il pas arrivé à chacun de nous, quand nos affaires nous appelaient au village, où nous étions forcés de prendre un repas, de l'emporter avec nous de crainte de ne trouver rien à manger, ou surtout, de ne pouvoir manger à cause de la malpropreté de la maîtresse de la maison et de tout son intérieur? Combien de ménages malheureux, combien de maisons ruinées par le manque de propreté! Quand l'ouvrier, l'agriculteur, lié à une compagne qui ne connaît pas la propreté, fait la comparaison de ses enfants qu'il voit les cheveux non peignés, la figure barbouillée, les vêtements tachés, de son intérieur en désordre, où tout traîne, où sa femme elle-même donne le spectacle d'une paresse, d'une malpropreté repoussanté, croyez-vous qu'il soit bien heureux? et sur qui fera-t-il tomber sa mauvaise humeur, la peine, la honte qu'il ressent en présence d'autres enfants de la même condition que les siens, propres, bien peignés, bien lavés, avec des habits simples mais soignés, l'intérieur de son voisin toujours rangé, où tout est en ordre, où tout respire la propreté, où il est récompensé et presque reposé de ses plus rudes travaux quand il entre chez lui et trouve répandu autour de tout ce qui l'environne, la fraîcheur, on pourrait dire, le parfum d'une exquise propreté, quand il voit les clients, les pratiques s'éloigner de sa maison et affluer chez son voisin où il y a une femme, une mère de famille propre et soucieuse de maintenir la propreté autour d'elle? Ah! je pourrais vous citer bien des scènes d'intérieur, bien des exemples de désunion et de ruine dans les familles, par suite de l'absence de cette qualité, ou comme on l'a dit avec justesse, de cette demi-vertu.

Je ne parle pas des maladies qu'engendre la malpropreté dans un intérieur malsain où souvent les poules, les canards se disputent le sol humide, où la porte plonge dans la boue, et les fenêtres s'ouvrent sur le fumier; où, au milieu des émanations fétides viennent tous les soirs se réunir et se reposer de leurs fatigues, père, mère, enfants et domestiques à moitié abrutis par la malpropreté et l'incurie de la maîtresse de la maison.

Si, selon Quintilien, « la meilleure école n'est pas

celle où l'on apprend le mieux à lire, à écrire et à parler; mais celle où l'on apprend le mieux à bien vivre, » appliquez-vous dès lors à rendre l'éducation pratique, en sorte qu'elle devienne pour vos jeunes filles, comme une seconde nature. Habituez-les, dès qu'elles vous sont confiées, à la propreté; ne souffrez pas qu'elles arrivent à l'école les cheveux en désordre, les mains et la figure sales, les vêtements tachés, déchirés, jamais brossés ou nettoyés; tenez à ce que tout ce qui leur appartient soit tenu avec la plus grande propreté, que les cahiers ne soient jamais tachés ou déchirés; les livres toujours bien tenus. Mais donnez surtout l'exemple vous-même. Que votre tenue soit irréprochable, votre classe marquée au coin de la propreté la plus scrupuleuse, que les enfants n'y entrent jamais sans que leurs regards ne soient charmés par l'ordre qui règne dans toutes ses parties, et par la propreté qui reluit sur toutes les choses à votre usage et sur toutes les parties du mobilier.

Un homme qui malgré tout son génie, s'est trompé souvent en éducation, mais dont les écrits peuvent néanmoins nous offrir des vues utiles, J. J. Rousseau, a dit en parlant de la jeune fille telle qu'il la suppose élevée par sa mère : « Selon elle (la mère), entre les devoirs de la femme, un des premiers est la propreté; devoir spécial, indispensable, imposé par la nature.... Elle a tant prêché ce devoir à sa fille dès son enfance, elle a tant exigé de propreté sur sa personne, tant pour ses hardes, pour son appartement, pour son travail, pour sa toilette, que toutes ces attentions, tournées en habitude, prennent une assez grande partie de son temps et président encore à l'autre, en sorte que bien faire ce qu'elle fait n'est que le second de ses soins ; le premier est toujours de le faire proprement. »

Sous ce rapport votre femme ou la directrice des travaux à l'aiguille, peut vous seconder dans cette tâche, et continuer avantageusement l'œuvre commencée par la mère ; car si vous instruisez en maître, elle enseignera en mère de famille. Si elle devait rencontrer des enfants qui ne se prêteraient que de mauvaise grâce aux soins qu'elle voudra leur donner et auxquels elles devront prendre part elles-mêmes, elle les forcera à être propres malgré elles. Elle ne se contentera pas d'une propreté apparente, que la vanité conseille toujours, et qui consiste à prendre un soin excessif du dehors, tandis qu'au dedans elles restent dans un complet état de négligence. Elle fera une guerre à outrance à l'insouciance et à la paresse des jeunes filles ; s'assurera dans le plus grand détail de leur bonne tenue ; fera tous les jours une inspection minutieuse de leur habillement, ce que vous ne pouvez et ne devez pas faire. Elle leur fera comprendre que quant à une tache quelconque sur leurs vêtements, il n'y a pas même à en parler. Jamais une femme soucieuse de sa dignité ne se montrera, à une heure quelconque de la journée, au logis ou bien hors du logis, avec une robe tachée.

Comme on peut éviter les dangers de ce genre avec du soin, de la prévoyance, de la réflexion, comme on peut la réparer avec les poudres et les liquides actuellement mis au service des femmes qui veulent être leur propre *nettoyeur*, la tache est l'affiche, la dénomination du désordre, de l'incurie, de la paresse.... de la malpropreté.

« La santé des hommes dépend beaucoup de la propreté, mais elle est aussi un des principes de leur activité, de leur bonne humeur, de leur satisfaction intérieure et même à certains égards de leur moralité. C'est dans les villages et dans des maisons sans propreté qu'habitent de préférence la paresse, l'abrutissement, la mauvaise foi, le vol, tous les vices. Le défaut de propreté ne nuit pas seulement à la pureté du corps, il nuit à celle de l'âme. » (Schmalz, Économie politique.) Ainsi le vice se couvre assez ordinairement de haillons, tandis que la vertu, au sein même d'une extrême pauvreté, porte toujours avec elle le cachet de la propreté. Le désordre extérieur, toujours choquant dans les jeunes filles, est l'indice certain d'une grande pauvreté morale.

Travaux à l'aiguille et de ménage. — Nous avons indiqué plus haut l'importance des travaux à l'aiguille et ce qu'ils doivent être dans une école mixte ; nous avons dit aussi que s'ils étaient donnés avec intelligence et suite, ils seraient un moyen sûr de retenir les jeunes filles à l'école le plus longtemps possible. Il nous reste maintenant à indiquer ce que devraient être ces leçons pour les élèves les plus avancées et tout le fruit qu'une directrice éclairée pourrait en tirer.

« *C'est à l'intérieur qu'est la beauté de la fille du roi,* dit l'Écriture.

C'est sous le toit de la famille, dans les limites de la maison maternelle que s'abrite, que s'exerce et que se concentre le mérite de la jeune fille chrétienne. L'amour des siens, l'humilité, la conscience du devoir que vous aurez su lui inspirer par vos leçons et votre exemple, la portent naturellement à s'incliner vers le soin ou la surveillance de l'ordre matériel, première condition de bien-être, de dignité et de liberté morale. Vous lui apprendrez que rien n'est vil dans ce ministère charitable qui s'exerce au profit de tous ; l'intention des moindres offices accomplis avec la grâce, l'empressement et la gaieté de la jeunesse, les poétise et les ennoblit, comme il arrive à toutes les actions inspirées par le cœur.

En s'occupant sans cesse d'assister ceux qu'elle aime, en se rendant le bon ange visible, autant par ses actions que par ses prières, de la maison où elle est née, l'enfant aimante et aimable obéit à la plus touchante vocation de son sexe, elle n'a point à craindre les déceptions, les rivalités et l'envie qui s'attachent à l'exercice des talents dont le but est d'éblouir et de charmer la foule.

Le mobile du goût et de l'application que manifeste une jeune fille pour les travaux de l'intérieur, prend sa source dans le désir de se rendre promptement utile et secourable à sa mère, d'alléger les charges et le travail du père par un concours intelligent dans les soins de l'économie domestique, enfin d'augmenter pour chacun la somme de bien-être, en suppléant par son industrie et son activité à l'absence ou à l'insuffisance des aides mercenaires. L'obligeance est le symptôme précurseur du dévouement, et l'enfant qui, dans la mesure de ses forces, oublie ses goûts personnels pour s'occuper à satisfaire les goûts et les besoins de ceux qu'elle aime, s'exerce à devenir plus tard la femme selon le cœur de Dieu et selon le cœur de l'homme; elle apprend à goûter les joies pures et élevées que goûtent les belles âmes en faisant aux objets de leur amour le don de ce qu'elles possèdent, c'est-à-dire en souffrant elles-mêmes tout entières pour être l'instrument actif et vigilant de leur bonheur. » (Mme Brisset des Nos.)

La directrice des travaux à l'aiguille tâchera de former ses élèves dans ce sens et de les rendre ainsi capables de remplir cette belle tâche. L'édifice modeste est en partie achevé, mais il faut encore le lier à des monuments de forme plus imposante. La jeune fille sait tricoter, coudre, broder et raccommoder; qu'on lui apprenne à tailler un fichu, un col, un bonnet, une chemise, un tablier, une robe. Pourquoi la commune n'abonnerait-elle pas la directrice à un de ces journaux de dames ou de demoiselles qui, outre des lectures instructives et amusantes, donnent des patrons pour toutes sortes de coupes, des modèles et des ouvrages divers d'une variété et d'un mérite incontestables? Les jeunes filles apprendraient ainsi, non-seulement beaucoup de petits ouvrages qui leur plaisent tant, mais aussi le goût qui se montre dans les habillements, qui est moins d'étude que de sentiment et de pratique; elles apprendraient à assortir les couleurs et les étoffes à l'âge et aux saisons, à l'état et à la physionomie; à ajuster les vêtements à la taille pour faire ressortir la beauté des formes, et à faciliter les mouvements du corps en lui laissant toute sa liberté: elles apprendraient à exclure la recherche et la bizarrerie, en accordant l'élégant avec le solide et à mettre le naturel et la simplicité, car, comme dit Fénelon : « les véritables grâces suivent la nature et ne la gênent pas. » Elles apprendraient comment on lave un bonnet, un col, une chemise, comment on les repasse, on les plie pour qu'ils ne perdent pas leur fraîcheur; quelle disposition il convient de leur donnner dans un tiroir, dans une boîte, pour qu'ils ne contractent pas de ces faux plis qui feraient croire à la négligence de celle qui les porte. Ces travaux de repassage se feraient les samedis et seraient une source d'économie dans un ménage, en évitant les dépenses que nécessiterait le concours d'une repasseuse; et au moins pour le saint jour du Seigneur tous les membres de la famille seraient heureux d'avoir à mettre du linge et des vêtements propres et soigneusement repassés par la jeune fille de la maison. On apprendrait aussi à la jeune fille l'entretien de son linge, le raccommodage journalier qui éloigne les occasions d'une forte dépense, et qui, entre tous les soins du ménage, exige de la persévérance et de l'application. Tout en guidant ses élèves par ses conseils, elle animera sa classe par des encouragements et la distraira de temps en temps par une conversation familière qui instruira sans en avoir la prétention. A propos des vêtements que l'on coud sous ses yeux, elle dira comment le linge se produit ; elle n'hésitera pas à parler de la culture du chanvre et du lin, de la fabrication du fil et de la toile ; elle parlera des pays qui nous donnent la laine, le coton, la soie, les dentelles, les cachemires ; elle parlera de la fabrication des fleurs, des aiguilles, des épingles, des boutons, enfin de toutes choses qui doivent être sues d'une femme de ménage et dont elle a déjà eu une connaissance aussi utile que variée dans le Recueil de problèmes cité plus haut. Des soins de l'homme, elle passera à ceux du bétail qui lui est si utile ; elle fera voir que c'est avec des caresses que la femme établit son empire et que tout s'apprivoise autour d'elle. La poule lui donne son œuf, l'oie et le canard le duvet, la vache son lait, la mouche à miel le suc des fleurs, le ver change en soie la feuille du mûrier et la brebis lui donne une toison qu'elle file et qui est plus chaude que la peau des bêtes sauvages ; jusqu'au chat sédentaire et patient qui veille aux provisions qu'elle amasse dans ses armoires et dans ses greniers. Les notions de jardinage que vous leur aurez données, les aideront dans les moyens que la directrice leur indiquera, pour la préparation des légumes et la conservation des fruits ; deux choses généralement méconnues de tant de femmes de la campagne qui par défaut d'habitude, de réflexion ou par imprévoyance, préparent souvent le manger sans soin et dans le seul but d'apaiser la faim ; elles n'y voient pas autre chose et ne comprennent pas que l'action de manger est la source de la vie matérielle et de la santé, puisque les aliments que nous prenons doivent faire partie de nous-mêmes, s'incorporer à notre propre substance et que s'ils sont mauvais, mal apprêtés, difficiles à digérer, ils usent, fatiguent et rendent malades notre estomac, nos intestins et compromettent notre santé et notre vie. Sans leur enseigner à fond la cuisine, elle leur donnera les éléments d'un art si indispensable ; elle leur apprendra à discerner la nature et la qualité des différentes viandes et à apprêter convenablement les aliments les plus simples. Faites-leur voir que l'on peut se nourrir sainement et à bon marché ; le service que vous rendrez par là sera immense. Vous ne négligerez pas de leur parler des fleurs qui demandent si peu de temps à une ménagère et si peu de place au jardin où elles relèvent l'agreste simplicité du potager qu'elles décorent, et, aux jours de fête, elles vont parer l'autel, la chambre de la jeune fille ou les meubles du logis. N'oubliez pas de leur faire connaître la vertu de quelques fleurs qu'on emploie pour des tisanes, des compresses et dont chaque mère de famille doit avoir sa provision. N'est-il pas déplorable que souvent pour le plus petit accident arrivé à un enfant, on ait à appeler les voisins à son secours, et à recourir au médecin et au phármacien pour la plus légère indisposition ? Quelle honte pour une femme de n'être dans de pareilles circonstances qu'un personnage inutile ! Leur livre de lectures, dont nous avons parlé plus haut, les initiera à une foule de remèdes qu'une mère de famille peut employer et administrer au début d'un malaise, d'un accident, en attendant l'arrivée de l'homme de l'art. Enseignez-leur aussi ces travaux qui constituent ce qu'on appelle l'économie domestique ; dans les livres elle est une science, dans vos conversations elle ne sera que l'exposé de votre propre pratique ; vous direz, vous montrerez, et de retour à la maison, les jeunes filles, devenues ménagères, feront comme elles vous auront vu faire. N'oubliez pas surtout de leur enseigner comment on doit employer et comment on peut accroître les revenus d'un ménage ; comment on peut les faire contribuer au bien-être général de la famille ; comment enfin le travail et l'industrie des hommes pour acquérir la fortune, ne serviraient de rien, si de leur côté les femmes ne prenaient soin de la bien administrer. Qu'elles comprennent bien ce que vaut l'argent, et comment on doit le dépenser, par quels moyens s'alimente le ménage et quel est le prix de l'aisance au sein de laquelle elles sont élevées.

Qu'elles n'oublient pas ces paroles du poète :

O femme, sagesse est de l'or,
Oui, quel que soit ton rang, et quel que soit ton âge,
Oui, ta meilleure dot et ton plus sûr trésor,
C'est la science du ménage.

Inspirez-leur surtout le goût et l'amour du travail et l'horreur de la paresse. Faites-leur bien comprendre que le travail convient à toutes les femmes et qu'il doit faire partie de leur éducation ; inspirez-leur le goût des occupations sérieuses, et faites-leur contracter l'habitude d'une vie, sinon laborieuse, au moins utilement employée. Sans le travail, une femme ne parviendra jamais à faire régner dans sa maison l'ordre, la propreté et l'économie. Partout où les femmes se livrent habituellement au travail, il ne contribue pas seulement à entretenir et à augmenter le bien-être matériel de la famille; mais il éloigne encore tous les vices que ne manque jamais d'entraîner après elle une vie inoccupée.

L'instruction d'une femme chrétienne ne doit point avoir pour but de la faire briller, mais bien de la rendre capable de s'occuper sérieusement chez elle ; d'instruire ses enfants, de veiller au besoin à leurs intérêts de fortune, d'étudier, de converser avec son mari, de prendre part à ce qui l'occupe ; enfin, de rendre commune la vie intellectuelle, car là est véritablement l'union dans le mariage, l'union dans l'esprit, qui entraîne celle des âmes. Mais point d'influence durable sur un mari, d'autorité sur les serviteurs, de véritable prospérité, si une femme, quel que soit son rang, ignore absolument la science pratique de ce qu'elle commande, ou reste étrangère aux soins domestiques. Depuis Salomon, tous les sages ont compris que la femme, appelée à vivre surtout chez elle, devait y être occupée, et que pour y rester la maîtresse, il fallait qu'elle y pût tout voir. tout savoir et tout ordonner. « J'aime bien mieux, disait Fénelon, qu'une femme soit instruite des comptes de son maître d'hôtel que des nouveautés. »

« Les femmes, dit à son tour Rollin, doivent s'occuper de ce qui a rapport au gouvernement intérieur d'une maison, de ce qui regarde les dépenses pour les habits, pour les meubles, pour la table, pour l'éducation et l'entretien des enfants, pour les gages et la nourriture des gens. Les mères doivent comprendre combien elles sont obligées de former de bonne heure leurs filles à ces soins domestiques. Après leur avoir enseigné les premières règles de l'arithmétiqne, il faut les mettre tout d'un coup dans la pratique, leur faire composer à elles-mêmes des mémoires et leur faire régler des comptes. Une mère intelligente les forme par degrés à ces différents exercices et entre pour cela avec elles dans le dernier détail. Elle les accoutume à connaître le prix et la qualité des toiles, des étoffes, de la vaisselle, etc. Quand elle fait des emplettes, elle les mène avec elle chez les marchands ; elle leur apprend le temps où il faut faire chaque provision ; elle les instruit de la manière dont on doit ordonner un repas, elle a soin surtout de leur inspirer les principes d'une sage et noble économie, qui s'éloigne également et d'une sordide avarice et d'une ruineuse prodigalité. » Une institutrice intelligente et dévouée, peut parfaitement remplir le rôle de la mère dont parle Rollin.

Faites-leur méditer le portrait que l'Esprit-Saint trace de la femme forte, de la femme distinguée (car son mari siège dans l'Assemblée des juges et parmi les sénateurs) : « Il lui met entre les mains les instruments et les éléments du travail. » Il la représente « recherchant avec soin la laine et le lin, et les travaillant elle-même avec des mains sages et ingénieuses. Elle se lève, dit-il, avant le jour, pour distribuer leur ouvrage aux domestiques, et la nourriture à ses servantes. Elle ne dédaigne pas de porter sa main à des ouvrages communs. et de prendre le fuseau avec ses doigts. Les ressources abondantes qui sont le fruit de son travail, lui permettent d'ouvrir sa main à l'indigent et d'étendre ses bras vers le pauvre. Elle ne craint point pour sa maison le froid ni la neige, parce que tous ses domestiques ont un double vêtement. Ses nombreuses occupations ne l'empêchent pas de se faire des meubles de tapisserie. et de préparer pour elle des vêtements de lin et de pourpre Elle n'a dédaigné aucun détail de son ménage et elle n'a jamais mangé son pain dans l'oisiveté. Aussi ses enfants se sont levés et ont publié qu'elle était très heureuse, son mari s'est levé aussi pour faire son éloge. Beaucoup de filles, lui ont-ils dit, ont amassé des richesses, mais vous les avez toutes surpassées. Les louanges qu'on lui donne sont le fruit de ses mains : ce sont ses propres œuvres qui la louent dans les assemblées, et qui rendent justice à son mérite. » (Prov., XI.)

Cette femme-là est bien celle que tout homme sensé souhaite au fond de son cœur pour compagne, la mère qu'il voudrait donner à ses enfants, le type éternellement aimable, respectable et désirable de la femme appelée au gouvernement domestique. Glorieuse ménagère ! Elle est louée par son mari, par ses enfants et par ses œuvres ! Que lui faut-il de plus ?

Là est clairement indiquée la véritable mission de la femme qui est de donner le bonheur à son mari, d'entretenir l'abondance et l'ordre dans sa maison et de déverser sur l'indigent une part du bien-être acquis par ses soins. Aussi toute femme, ayant la conscience de ses devoirs, et possédant une claire vision de ce qui constitue la beauté morale, s'attache avec ferveur à ces soins domestiques dans lesquels se renferme une poésie intime, inconnue aux esprits frivoles. Indiquer ou prescrire ici l'étendue de ces soins est impossible, parce que la condition sociale et pécuniaire d'une famille en détermine seule la nature. Dans un ménage pauvre et restreint, ils seront, sans doute, plus pénibles ; mais après leur accomplissement, l'esprit aura plus de liberté et la responsabilité morale sera moins grande.

Heureuse la jeune fille qu'une mère sage et vigilante et une institutrice intelligente et dévouée auront, de bonne heure, initiée à la science des soins nombreux qui fondent la prospérité de la maison. Habituée au maniement de ces fils déliés qui forment la trame du bien-être intérieur, elle saura un jour les réunir d'une main habile et ferme sans en laisser rompre ni relâcher aucun. Elle fera preuve ainsi dans le gouvernement de son petit empire, de cette sorte de supériorité qui commande le respect et l'obéissance à des serviteurs trop souvent disposés à se prévaloir de l'ennui ou de l'insouciance d'une maîtresse de maison, et à les faire tourner au profit de leurs intérêts ou de leurs vices. Sachant apprécier aussi la difficulté et le mérite de leurs travaux, elle n'exigera rien d'eux au-dessus de leurs forces, elle mettra parfois la main à l'œuvre pour les soulager et les encourager, elle s'emparera de leur esprit par la douceur et la patience, elle reconnaîtra leurs services par sa sollicitude pour tous leurs besoins. enfin elle gagnera leur cœur par des rapports bienveillants et une maternelle sollicitude, sans rien perdre de sa dignité. » (Mme Brisset des Nos.)

La femme de cœur. — Pour cultiver et développer ces belles qualités dans la jeune fille, il n'est pas trop du concours réuni de l'instituteur et de la directrice des travaux à l'aiguille; mais la tâche leur sera rendue facile par les dispositions naturelles qui se trouvent dans le cœur même de leurs élèves et qui leur aideront puissamment, s'ils savent bien les diriger. Ainsi toutes cherchent à se faire remarquer, à obtenir l'approbation et à exciter même l'admiration. Ce désir de plaire n'a pour ainsi dire, pas de commencement dans elles; elles naissent avec cette disposition. « Le jeune garçon prend gaiement ses ébats; emporté par son ardeur, il se livre à ses exercices bruyants dans la plus complète insouciance de ce qui se passe autour de lui. La jeune fille, au contraire, ne se laisse jamais absorber par ses amusements au point de se perdre elle-même de vue, non plus que les personnes qui l'entourent et qui ont les yeux fixés sur elle. Il suffit qu'on la regarde pour qu'elle cherche aussitôt à obtenir de plus en plus l'attention. Qu'elle fasse le ménage de sa poupée, qu'elle saute légèrement à la corde, qu'elle lance son cerceau, elle est bien moins occupée de tous ces jeux que de l'effet qu'elle produit; son regard, son geste, sa démarche et toutes ses petites allures sont étudiées et visent un seul but : être remarquée et applaudie. Le moindre signe d'approbation, la plus légère prévenance, la plus petite attention suffit, et souvent même de simples égards, de simples formules de politesse prennent dans son esprit, les proportions d'un succès et d'un véritable triomphe. » Si vous savez employer prudemment ce moyen d'émulation il sera pour vous d'un grand secours. mais il faut qu'il soit contenu dans de justes bornes pour ne pas se changer en elle en un défaut qui serait l'affectation ou la coquetterie, qui feraient qu'elle cesserait bientôt d'être simple et naturelle, et contracterait ainsi la méprisable habitude d'agir sans franchise et par vanité. Ainsi dans vos leçons, évitez soigneusement un excès de sévérité en ne trouvant jamais assez bien ce qu'elle fait; ne lui montrez pas toujours les torts, les défauts qu'elle a, sans lui tenir aucun compte de ceux qu'elle n'a pas; des efforts qu'elle fait pour vous contenter sans jamais lui adresser un mot d'éloge ou d'encouragement pour le bien qu'elle fait, pour les petites qualités qu'elle possède; sans cela elle se figurera que vous êtes injuste ou trop exigeant et qu'elle ne parviendra jamais à vous contenter, elle ne sera qu'à moitié satisfaite et son plaisir, son bonheur même de vous plaire et de vous satisfaire, s'évanouira. sa joie se changera même en tristesse et son cœur se fermera pour longtemps, pour toujours peut-être pour vous. Son caractère s'aigrit, elle est irascible et susceptible à l'excès; vous ne pourrez lui faire la moindre observation sans qu'elle s'en trouve blessée; elle devient distraite et préoccupée et ne prête que peu ou point d'attention à ce que vous lui dites. C'est alors qu'on entend ces plaintes. C'est une fille sans cœur! (comme si Dieu pouvait déshériter à ce point un de ses enfants) et on se croit alors autorisé à ne se donner aucune peine pour le cultiver, pour le développer. Sans doute toutes les jeunes filles n'ont pas également un bon cœur, mais toutes ont un cœur, toutes sont plus ou moins capables d'affection; toutes éprouvent à un certain degré le besoin d'aimer; et c'est à l'éducation de s'emparer de cette disposition pour en faire une étude approfondie, pour lui donner une bonne direction.

Car, comme l'a dit un homme célèbre :

Femme, après Dieu, c'est toi qui fais la vie humaine;
C'est dans ton cœur qu'est la beauté;
Reine de la maison, c'est là qu'est ton domaine;
Ta sagesse est ta royauté.

Former et diriger le cœur d'une femme! Y avez-vous jamais songé sérieusement? Quelle grande et grave mission! En effet les femmes fondent leur influence dans la société moins par les dons de l'esprit que par les qualités du cœur; c'est dans le cœur que se trouve toute leur puissance morale, c'est par le cœur qu'elles voient. qu'elles jugent et qu'elles agissent. Un bon cœur résume tout ce que l'on recherche et qu'on aime rencontrer en elles. « N'est-il pas évident qu'une femme a plus souvent à faire usage de son cœur que de son esprit, et que si elle peut, jusqu'à un certain point, se passer du second, rien ne saurait lui tenir lieu du premier; d'autant plus que la conscience, ce sanctuaire de tous les devoirs, est bien près du cœur, et que tous les sentiments délicats découlent en même temps de cette double source. Si nous avions à façonner une femme parfaite, s'il dépendait de nous de donner à une mère, à une sœur, à une épouse, toutes les qualités qui, en lui servant d'ornements, seraient le plus capables de contribuer à son bonheur et à celui de sa famille, notre premier soin ne serait-il pas d'accumuler en elle tous les dons, toutes les qualités qui dérivent du cœur et qui s'exercent par lui ? La piété, la bonté, l'affabilité, la douceur, la patience, le dévouement, l'abnégation, la pudeur, la prudence, la grâce même, qui rejaillit sur les traits d'une femme, et mille autres charmes indéfinissables qui attirent, qui persuadent, qui enchantent, où résident-ils, si ce n'est dans le cœur ? Ne sont-ce pas tous ces sentiments qui continuent à rendre les femmes vertueuses, et qui se transforment dans leur cœur en toutes sortes de qualités aimables ? C'est par le cœur que les femmes se distinguent, qu'elles sont supérieures ; c'est donc leur cœur qu'il importe de perfectionner par l'éducation. » (Balme-Frézol.)

Mais se préoccupe-t-on dans les écoles de cette question si importante ? Ne voit-on pas tous les jours qu'à cet égard la sollicitude des instituteurs ne se borne le plus souvent qu'à de stériles observations, et qu'il semble qu'ils n'aient plus rien à faire quand ils ont dit d'une de leurs élèves qu'elle n'a pas de sentiment ou qu'elle n'a pas de cœur ? Vous avez une jeune fille qui paraît froide, indifférente, peu démonstrative, peu empressée, peu affectueuse (et il s'en trouve beaucoup à la campagne), elle reste calme et son œil sec quand vous lui faites un reproche; ne décidez pas de suite qu'elle n'a pas de cœur, qu'elle n'a point de sentiment; j'affirme au contraire qu'il y a dans le cœur de cette enfant un besoin réel de tendresse, une sympathie inépuisable, que les abus mêmes de la scolarité ne sauraient complètement tarir. Qu'il y ait des élèves ingrates, injustes ou méchantes par boutades, qu'elles mettent la patience des meilleurs maîtres à de rudes épreuves, je ne le nie pas. Mais il y a une chose à laquelle elles ne résistent presque jamais, c'est de se sentir aimées avec persévérance : le maître qui les aime sincèrement finit toujours par en être aimé lui-même. Un peu plus tôt ou un peu plus tard, les plus rudes s'adoucissent, les plus froides s'affectionnent peu à peu, et alors l'influence devient plus profonde, jusqu'à étonner celui-là même qui l'exerce. Remarquez que je parle d'un amour qui agit; celui-là seul est efficace, et les moins clairvoyants en subissent l'influence. On peut même dire que l'enfant a une étonnante perspicacité pour découvrir l'attachement dont il est l'objet. Il est naturellement sympathique, et devine l'affection avant même qu'elle s'exprime par des actes. Le regard de son maître, sa physionomie, son attitude, lui ont déjà révélé sa tendresse ou son indifférence, lors même qu'il n'a rien dit ou rien fait encore.

Cette insensibilité n'est bien souvent qu'apparente et

provient du milieu dans lequel la pauvre enfant vivait avant qu'elle ne fût confiée à vos soins; elle peut avoir, quelque étrange que cela soit à dire, un très bon cœur; tout en ignorant la manière de s'en servir, tout en ne sachant pas comment doivent se produire en dehors les bons sentiments dont elle est pénétrée au dedans. Ne dites pas qu'on n'apprend pas à avoir bon cœur, à être sensible, reconnaissant, prévenant, car vous pouvez apprendre à faire usage d'un bon cœur, à exprimer convenablement les sentiments, à les bien manifester; or, je vous demande comment une jeune fille saura toutes ces choses, si vous ne vous donnez pas la peine de les lui enseigner. Méditez ce passage si spirituel et si délicat de Mme Guizot dans une de ses Lettres de famille sur l'*Éducation*. Elle vous montre ce que vous avez à faire pour provoquer la bonté dans votre élève et la lui faire accepter comme un devoir facile : « Je n'ai jamais été d'avis, dit-elle, d'exciter et de hâter la sensibilité des enfants; mais préservons-les de la dureté de l'ignorance. Je sais combien nous avons à apprendre pour être bons, tout ce que la vraie bonté demande de rectitude, de jugement, de droiture, de cœur, d'empire de la raison sur les passions. Peut-être n'est-il pas chez les enfants de germe dont il faille surveiller le développement avec plus de constance et de sollicitude. Faible et dépendant, l'enfant a naturellement peu d'occasions de servir ou de ménager les intérêts et les sentiments des autres : il ne les comprend guère, y pense peu et se sent continuellement porté par la vivacité et la multiplicité de ses désirs à se préférer à tout. Il faut éveiller en lui la sympathie, lui apprendre qu'il peut y avoir pour lui des intérêts plus précieux que les siens, les lui faire connaître, les lui faire chérir, les rappeler souvent à son attention ; travail difficile et délicat, d'où doit être bannie toute apparence de leçon ; car si vous faites à l'enfant un devoir de la bonté avant de lui en avoir donné le sentiment, il en fera une des formes de sa conduite; et, comme il apprend ses leçons à certaines heures saus aucun goût pour l'étude, certains actes de bonté accomplis, il se croira quitte envers ce genre de devoir, et ignorera tout le reste. » Les sentiments dont se forme la bonté, continue-t-elle plus loin, tirent leur origine du plus profond de nous-mêmes. « Ce sont nos affections qui nous instruisent à partager celles des autres, et le caractère d'un bon cœur est de se trouver toujours en harmonie avec des besoins qu'il connaît sans qu'ils lui aient été exprimés. C'est du dedans qu'ils se sont révélés à lui ; du dedans vient l'impulsion dont il suit la loi ; en toute action, il a une pensée pour les autres; attentif, il n'oublie personne, ne manque à rien; le mot qui va blesser s'arrête sur ses lèvres; il réprime même dans son cœur le sentiment d'affliger. Pénétrant, il va au secours de la pensée qui n'ose se produire, lit dans les regards baissés, entend le soupir qu'on étouffe, comprend et saisit le désir à peine formé. Réfléchi, il sait ce qu'il n'a pas vu, pressent ce qui n'est pas encor la sympathie qui l'éclaire n'a pas besoin du secou des signes ; l'être vraiment bon se sent lui-même po ainsi dire, au profit des autres ; ses impressions l servent surtout à l'avertir des leurs ; et raremen éprouve-t-il une peine qu'il ne songe aussitôt à l'épai gner à quelqu'un, une joie dont il ne s'occupe aussitô délicieusement à faire jouir un autre que lui. »

Apprendre toutes ces choses à un enfant n'est pa l'affaire d'un jour ; il n'y a pas trop de l'éducation tou entière ; mais si vous avez suivi les conseils qui on été donnés dans tout ce qui se rapporte à chaqu branche d'enseignement, si vous êtes bien pénétr vous-même de ces nobles sentiments et surtout si vous êtes bien secondé par votre femme ou par la personne chargée des travaux à l'aiguille, vous réussirez à former ces jeunes filles douces, bonnes et compatissantes pour lesquelles il sera alors facile de remplir plus tard des devoirs qui se résument dans ces deux seuls mots : aimer et se dévouer !

C'est, en effet, la bonté qui vient au secours de la fausse honte, prête à la physionomie ce doux éclat, donne au regard ce doux rayon sympathique, et empreint toutes les manières de cette simplicité, de cette charité, dont les faibles, les ignorants et les malheureux connaissent les charmes et l'influence bénie. C'est elle qui dicte ces attentions exquises, ces procédés délicats, ces paroles délicieuses qui rafraîchissent l'âme, encouragent la timidité, gagnent la confiance et dénouent, l'un après l'autre, tous les liens de la contrainte. C'est elle enfin qui, sans encourager la présomption, et sans compromettre la dignité, fait dire de celle qui s'en montre prodigue : Oh ! qu'elle est bonne !

Alors disparaîtront aussi dans les femmes de la campagne, pour le plus grand nombre, la dureté qui est un défaut, et elles ne connaîtront que la bonté qui leur assurera de l'influence et du bonheur, et que le poète a si bien rendue dans les vers suivants :

Que voit-on, quand le jour se lève ou lorsqu'il tombe,
Aux dalles de l'autel, aux gazons de la tombe,
Dans l'asile où le pauvre abrite son enfant,
Dans l'hospice où sans bruit la douleur se défend,
Au fond de la mansarde où la misère pleure,
Au chevet des mourants dont la mort sonne l'heure,
Sur le champ de bataille où, pâles et sanglants,
Les soldats mutilés ont des cris accablants,
Et même dans la salle où vont les maux infâmes,
Oui, que voit-on partout où l'on souffre ? des femmes,
Des sœurs de l'infortune, à toute heure du jour ;
Pourquoi ? C'est que leur vie est un besoin d'amour.
L'ardente charité, forte de patience,
Les pousse ; s'attendrir est leur sainte science.
La volupté du bien est leur art éternel.
Tous leurs pas sont marqués d'un élan maternel.
Les femmes ! — Ce doux nom de bonne heure signifie
La bonté qui console et qui se sacrifie ;
Enfin ce nom sacré signifie en tout lieu,
L'abondance du cœur, dont la source est en Dieu.

L. BELMONTET.

La femme pieuse. — Mais cette éducation du cœur, de cet hôte intérieur, rappelez-vous bien, il n'y a que la religion qui l'accomplit. Divers mobiles humains peuvent exciter en nous diverses vertus, mais où trouver un foyer central de moralité, si ce n'est dans la foi religieuse? C'est elle qui porte les femmes à croire, à espérer et à aimer. Il n'y a que le sentiment religieux qui puisse élever leur âme jusqu'à l'enthousiasme, et leur inspirer une force surnaturelle pour leur faire pratiquer les plus sublimes vertus, pour les rendre capables des actions les plus héroïques.

La religion exerce sur les jeunes âmes une puissance divine qui leur fait produire des œuvres surnaturelles, de même que la nature produit les siennes sous l'action bienfaisante du soleil; l'enfant comme la plante; ne reçoit son entier développement, son éducation complète, qu'autant qu'il est cultivé et élevé sous l'heureuse influence de Dieu, le soleil éternel des âmes. L'âme qui n'est pas formée sous cette divine influence, n'aura pas toutes ses forces et subit un appauvrissement partiel, sans pouvoir se figurer ce qui lui manque. « Un jeune cygne, élevé loin de l'eau, n'aurait pas l'idée distincte de l'eau, mais il languirait; tour à tour agité, inquiet, ou livré à l'abattement, sa tristesse, sa maigreur, la teinte jaune de son plumage, indiqueraient assez que sa destination n'est pas remplie. A l'aspect d'une mare infecte, il pourrait s'y précipiter, et ce noble oiseau nageant dans la vase, ne paraîtrait qu'un être vil, rebut et honte de la création. Mais donnez-lui la source vive, que l'onde pure du grand fleuve vienne à restaurer sa vigueur, et vous verrez ce qu'est le cygne. En peu de jours sa blancheur éclatante, la grâce, la majesté, la rapidité de ses mouvements, vous montreront quelle était sa nature, quel élément avait manqué à son développement. » (Mme Necker).

Telle est notre âme, elle ne peut vivre sans Dieu. Développer le plus noble instinct de l'humanité en lui imprimant une direction salutaire, donner à mesure au jeune enfant l'aliment religieux qui lui convient, en le proportionnant à ses progrès, voilà votre devoir, le plus important et le premier; et des soins par eux-mêmes si doux, auront le succès pour récompense.

Dans toutes vos leçons vous aurez été entendu de vos élèves quand vous leur aurez dit qu'il y a un Dieu et que ce Dieu veille sur elles; aussi elles auront compris qu'il est juste de rendre hommage à ce grand Être, leur Créateur et que leur reconnaissance envers Lui doit leur inspirer des élans de tendresse filiale, comme leur faiblesse un langage de prière. « La prière ! puissante ressource de la faiblesse! qui rapproche sans efforts la grandeur infinie et le néant, l'enfant et Dieu ! La prière, cet acte du culte le plus important, celui qui constitue l'essence du culte même, faites-la bien aimer de vos élèves, de vos jeunes filles surtout qui devront plus tard apprendre à prier à leurs propres enfants, et qui elles-mêmes auront tant besoin d'y avoir recours pendant leur vie ! car, je crois pouvoir l'assurer sans redouter aucun démenti, la femme a bien souvent besoin de recourir à la prière. Par sa nature elle est en butte à plus de souffrances que l'homme, et la somme de ses douleurs échappe à toute comparaison. La femme souffre beaucoup, parce qu'elle est plus faible et plus sensible. Elle souffre beaucoup, parce qu'elle porte en elle-même moins de ressources que l'homme pour supporter ses douleurs, sa vie étant plus intime, moins active et moins distraite par les grandes pensées ou par les grandes occupations de tout genre. Elle souffre surtout, parce qu'elle a le cœur plus délicat, et que semblable à ces harpes éoliennes dont le moindre souffle faisait vibrer les cordes, ce cœur tressaille sous les plus légères étreintes de l'angoisse morale. Quelle est la femme qui passe une année de sa vie sans verser des larmes, que la Providence ait placé son berceau sous le chaume ou qu'elle l'ait environné des splendeurs de l'opulence ? Où trouvera-t-elle la consolation à tous ses maux, si ce n'est dans une expansion de son âme devant Dieu, par une oraison fervente?

L'idée à la fois si grande et si simple de la prière s'allie à celle de tous nos rapports avec Dieu. La simple contemplation de la Divinité suppose presque une prière, puisqu'il s'y associe un invincible désir de puiser à la source immense de force, de sainteté, de bonheur. Il est dans notre nature de prier : la prière est le soupir de l'âme captive, une anticipation de sa délivrance, un pressentiment d'éternité. A tous les degrés de civilisation, l'homme prie. Le sauvage, étranger aux bienfaits de la civilisation, prie déjà, et le chrétien consommé dans la foi, prie encore. Tout ce que nous pouvons concevoir de l'état des intelligences célestes, c'est la prière; nous croyons voir les anges prier, et Jésus-Christ a prié sans cesse. Le besoin de prier a paru tellement inhérent à l'essence même la plus sublime, qu'il est un passage dans le Talmud où il est dit que *Dieu lui-même prie*; pensée extravagante sans doute, mais pensée en harmonie avec je ne sais quelle corde de notre cœur, de ce cœur avide et souffrant qui ne peut concevoir la perfection même sans élan, sans une aspiration vers un état encore supérieur. » (M. N. S.).

L'âme de la jeune fille étant naturellement disposée à l'affection, il est utile d'associer l'effusion du cœur aux premiers sentiments religieux que vous cultivez en elle; et comme dit Mme de Genlis : « La conscience n'est qu'un guide peu sûr sans la religion; donnez donc à vos chères élèves des sentiments religieux; persuadez-leur bien que dans tous les moments de leur vie, Dieu les voit et les entend; frappez leur imagination de cette importante et sublime idée. La première idée qu'il faut donner de Dieu, au pauvre comme au riche, c'est qu'il est l'auteur de tout bien. L'action universelle de sa providence et de sa vigilance protectrice doit être gravée avec soin dans les jeunes cœurs. »

C'est en effet parmi les attributs divins, la bonté qui fera le mieux comprendre tous les autres. L'âme de la jeune fille est tendre, expansive ; ce qui la frappe le plus dans sa mère, c'est qu'elle est une bonne mère. Profitez de cette heureuse disposition, et que la facilité de sentir le Dieu bon, conduise la jeune fille adolescente a concevoir le Dieu juste et le Dieu tout-puissant. »

« Faites admirer à vos élèves les ouvrages de Dieu. les cieux, la terre, la verdure, les fleurs ; que le fruit qu'elles mangent, la rose qu'elles cueillent, tout serve à leur rappeler la bonté et la puissance de Dieu qui a tout créé. Faites-leur admirer l'éclat de la verdure nouvelle, la beauté du ciel, et remarquer la variété de fleurs semées dans les prairies et dans les bois, en les engageant à écouter les gazouillements des petits oiseaux, en leur faisant sentir la joie qui remplit leurs propres cœurs, joie qui se traduit en un babil étourdissant, en des transports naïfs et bruyants. Montrez-leur le blé, dont les tiges vertes laisseront bientôt échapper l'épi destiné à payer les fatigues du laboureur et qui va se transformer en ce pain quotidien qu'elles demandent tous les jours au Père céleste ; l'oiseau enlevant, brin à brin, la paille, le crin ou la mousse dont il veut construire son nid; la fourmi, profitant des beaux jours pour s'assurer des ressources pendant la dure saison ; l'abeille, recueillant dans chaque fleur le suc qu'elle va transformer en un rayon de miel; parlez-leur alors de la providence, de la puissance, de la bonté du Créateur qui pare avec une magnificence sans égale le séjour qu'il nous a donné, et qui ne demande en retour de tous ces bienfaits que notre amour et notre reconnaissance.

Parlez-leur souvent des attributs de Dieu et montrez-leur comment ils se manifestent, soit dans le gouvernement de l'Univers, soit dans l'action de la Providence sur la destinée du genre humain. N'arrivez même à ces considérations d'un ordre élevé qu'après avoir fait reconnaître comment la justice et la bonté de Dieu éclatent jusque dans le petit cercle des événements et des rapports de famille. L'œil des enfants envisagera, sans éblouissement, les grands desseins de la Providence, quand vous les leur aurez d'abord fait étudier en raccourci. » (Théry.)

De cette manière vous préparerez des femmes pieuses et il n'y a que celles-là qui rempliront avec plaisir, amour et dévouement tous les devoirs, car la piété c'est déjà le devoir, mais le devoir avec la physionomie d'une mère quand elle sourit à ses enfants ; c'est l'amour qui fait de toutes les vertus une douce, facile et aimable obligation. Un philosophe chrétien disait : « Pour enseigner la vertu, il n'y a qu'un moyen, c'est d'enseigner la piété. » (Joubert, *De l'Éducation.*)

Or, pères, mères, frères, époux, tous ne demandent-ils pas des filles, des sœurs, des épouses vertueuses, pieuses et religieuses? Ils savent que celles-là seules sont heureuses et exercent une véritable influence sur tous ceux qui les entourent : leurs maris, leurs enfants, leurs domestiques, tous les aiment, car ils ont confiance en celle qui croit en Dieu.

« Pour apprécier les ressources qu'une femme puise dans la piété, il faut la suivre dans les péripéties sans nombre de la vie quotidienne et qui passe sa vie à dévorer dans le secret de son âme les chagrins domestiques. Il faut la voir aux prises avec les peines, les épreuves et les vicissitudes qui sont les compagnes inséparables de sa vie, qui supporte avec une inaltérable résignation l'indifférence ou la brutalité d'un mari ; dissipant par sa seule présence la tristesse et l'ennui ; s'efforçant par un aimable sourire de déguiser les funestes préoccupations qui l'assiègent à la vue de l'air sombre et rêveur ; devinant par un touchant pressentiment ses peines et ses chagrins ; s'appliquant à les adoucir, à les soulager, en les partageant ; relevant à propos le courage abattu du compagnon de sa vie, et lui inspirant, à force de dévouement, cette confiance qui fait triompher des revers et supporter les injustices ; sans doute elle pleurera peut-être souvent, mais elle prie en silence, et elle trouve dans cette prière, dans sa piété assez de générosité pour aimer l'être pervers qui fait son tourment, et pour se consacrer. sans se plaindre, à des enfants ingrats, jusqu'au dernier souffle d'une vie consumée par les chagrins et qui se résout pour un si grand nombre en un sacrifice, ou plutôt en un martyre continuel. Elle est toujours calme, elle marche avec énergie dans son sentier de douleur, j'allais dire qu'elle est heureuse. Pourquoi ? Parce que sa vie principale est en haut : la vie lui arrive du ciel, et son cœur, qui ne trouve pas où se reposer sur la terre, a un appui meilleur et plus fort que celui des hommes. Puis il est des choses si divines que Dieu finit toujours par les bénir, même en ce monde ; tant de dévouement et de sacrifice sont des germes précieux qui tôt ou tard font naître sous les pas de cette femme chrétienne le respect et l'affection : il n'est pas donné à l'homme de mépriser toujours, ni de fouler constamment aux pieds ce qui est noble et grand ; il ne lui est pas donné de demeurer toujours indifférent en présence de cette beauté de l'âme malheureuse et toujours digne, beauté que la douleur fait encore ressortir sous une douce et triste lumière. L'heure de la réparation sonne tôt ou tard : ce n'est pas seulement le mari de la femme forte qui se lève pour chanter ses louanges ; le mari de la femme malheureuse se lèvera aussi quelque jour pour redire toutes les vertus cachées de celle dont maintes fois peut-être il a brisé le cœur, et pour solliciter un pardon qu'il ne croit plus mériter. » (P. F.)

Formez donc avant tout des jeunes filles religieuses, car il n'y a que la religion qui fait de la femme l'épouse la plus tendrement dévouée, la mère la plus affectueuse, la fille la meilleure, qui la rend un modèle de chasteté et d'exquise urbanité, de cette grâce qui enchante et cependant commande le respect ; car la religion a une telle influence pour adoucir et polir les manières, qu'elle supplée souvent à tout ce qu'on est en droit d'attendre de l'éducation la plus distinguée: tandis que si elle manque, cette même éducation ne parvient pas toujours à produire une apparence de politesse. « Il n'est pas rare de voir de jeunes filles de condition dont le ton et les manières ont quelque chose de rude, de vulgaire et de choquant, lorsqu'elles ont été élevées sans le secours de la religion; tandis que de jeunes filles de la plus humble extraction, mais dans lesquelles on a pris soin de développer le sentiment religieux, se dépouillent insensiblement de leur grossièreté native, revêtent les formes les plus gracieuses, et pourraient, par leurs manières pleines d'aisance, de pudeur, de modestie et de noble simplicité, servir de modèles à beaucoup de femmes du monde. L'éducation ne doit donc point laisser tarir cette sève divine qui produit à la fois les nobles sentiments et les manières distinguées qui servent à les exprimer. Regardez autour de vous et vous verrez que partout où règne le sentiment de la piété chrétienne, les mœurs et les rapports sont marqués au coin de la plus exquise politesse. » (B. F.)

Vous entendrez alors de nouveau ce cri, arraché au consul Libanius au temps des premiers chrétiens : « Quelles femmes que ces femmes chrétiennes ! »

Mais pour que ces beaux résultats puissent se produire, il faut que vous-même vous soyez bien pénétré de ces sentiments religieux et que vous pratiquiez la piété. Vous n'essaierez alors de donner à l'éducation d'autre base que la religion, autrement vous vous exposeriez infailliblement à faire fausse route, et vous vous écarteriez de plus en plus du but que vous voulez atteindre. Si vous veniez à substituer vos pensées aux pensées de Dieu, et vos vues à celles de la sagesse éternelle, vous ne vous trouveriez pas seulement aux prises avec votre imperfection et votre insuffisance; vous ne seriez pas seulement en lutte avec les vices et les défauts des enfants, mais vous vous constitueriez en état de guerre avec Dieu. Dans l'intérêt des enfants qui vous sont confiés, ne les privez pas de la plus puissante, disons mieux, de l'unique ressource que Dieu vous ait mise entre les mains, pour travailler efficacement à leur réforme et à leur perfection. Quel système d'éducation plus parfait que celui où Dieu entre comme principe, comme moteur et comme fin, et où sa grâce toute-puissante vient en aide et à l'élève et à l'instituteur pour les faire parvenir au terme de leurs efforts! Oui, je le dis sans crainte, quels que soient les motifs qui vous aient porté à embrasser la carrière de l'enseignement, si vous ne craignez pas Dieu, qui vous demandera compte de la manière dont vous l'aurez servi ; si vous n'espérez pas en Dieu, qui seul voit vos labeurs de chaque jour, qui seul sait quel courage il vous faut pour surmonter vos répugnances, supporter vos fatigues, cacher vos ennuis, et souvent dévorer les larmes que vous arrache l'inutilité de vos efforts, il vous est impossible de vous acquitter, comme vous le devez, des pénibles fonctions que vous avez acceptées et qui sont, comme vous le savez, de la plus haute importance ; car vous n'avez rien à envier ni au riche qui verse son or dans le sein de l'indigence, ni au prêtre qui instruit et qui moralise, ni à la pieuse sœur de charité dont le vieillard, le malade et l'orphelin bénissent chaque jour le nom. Le bien que vous faites a peut-être moins d'éclat, mais il n'en est pas moins réel. Comme le prêtre, vous éclairez l'esprit, formez le cœur, y étouffez les penchants mauvais et y faites croître les vertus. Si vous n'avez pas, comme le riche, des trésors à répandre, vous assurez à plus d'une jeune fille, sans fortune et sans parents, une existence paisible et honorable et vous enseignez aux autres à user dignement des dons que Dieu leur a départis. Si vous ne vous vouez pas, comme la sœur hospitalière, au soulagement de toutes les souffrances d'ici-bas, vous disposez avec tant de sollicitude l'âme de vos élèves à la piété, vous y faites, par de si touchantes leçons, grandir la charité, qu'en elles, un jour l'orphelin trouvera une mère ; le vieillard, un appui, et la misère cachée, un ange libérateur. Bien des familles enfin vous devront leur félicité : la jeune fille douce et modeste fera les délices du toit paternel ; l'épouse aimante, vertueuse et résignée fera régner dans son ménage la paix et la joie, et la mère sage et dévouée verra croître autour d'elle des enfants qui lui ressembleront.

Opinions des législateurs, des grands hommes et des pédagogues les plus célèbres sur la religion comme base de toute éducation et d'instruction.

L'instituteur, préparé à la haute mission d'élever les femmes, et pénétré de la sainteté de sa vocation se nourrit de pensées élevées. La plus parfaite simplicité règne toujours dans ses rapports avec ses élèves ; il en connaît exactement l'état moral, ce qu'il peut recevoir et de sentiments et d'idées ; une tendre sympathie, un ardent désir d'exercer une influence salutaire lui ouvrent facilement l'accès d'une âme bien disposée. « Mais lui-même il vit dans une autre région. Après s'être abaissé au niveau de l'enfant, c'est en se rapprochant du ciel qu'il se replacera au rang d'homme. Il a besoin de se retremper à la source, de restaurer ses forces qu'épuisent les soins de détail. Il descend de là mieux préparé ; il a mieux le secret d'animer la petite statue d'argile. Quand on rapporte l'enseignement au but général de l'éducation, on découvre bientôt la direction particulière que chaque étude tend à imprimer à l'esprit ; toute connaissance réelle s'associe aisément avec la piété, et peut même en favoriser les progrès, en liant plus intimement l'idée de Dieu avec le système entier de vos pensées. Plusieurs chefs-d'œuvre de l'esprit humain ont montré que le sentiment religieux peut trouver l'occasion d'admirables développements dans les résultats des études. Fécondée par ce principe vivifiant, chaque partie de l'instruction se trouve comme on l'a vu dans le cours de cet ouvrage, avoir un avantage moral, et outre son utilité terrestre et matérielle, elle peut encore porter son fruit pour l'Éternité. (De N.)

Le principe religieux fortement conçu par l'instituteur lui fait voir toutes choses sous un aspect juste. Une âme d'origine céleste est pour lui l'objet de l'éducation ; il se propose d'en développer les immortelles facultés dans des proportions harmonieuses, et il la prépare à retourner dans le sein de Dieu ornée des dons heureux dont elle avait reçu le germe. Il est de plus en plus convaincu que c'est dans le seul domaine de la religion que tout se réunit et s'enchaîne, que les faits extérieurs, objet de l'enseignement, se lient aux faits intérieurs de l'âme, que les lois de la nature se rattachent à celles du cœur humain, et que la science et le devoir se touchent. Il sait par expérience que dans les peines de l'éducation, il ne retrouve le calme qu'au sein de la religion. Et que de calme ne faut-il pas pour gouverner avec sagesse des enfants dont les intérêts lui doivent être si chers. C'est dans elle qu'il trouve cette souplesse qui lui permet de tirer parti de tout, de découvrir les diverses avenues qui ouvrent l'accès à la vérité dans les caractères différents, et de ne voir tous les plans et tous les systèmes comme autant de moyens de conduire les enfants à l'amour de Dieu et à l'accomplissement de sa sainte volonté.

Les législateurs de tous les temps, les pédagogues les plus distingués, les hommes d'État les plus éminents ont toujours fondé l'instruction sur la base de la religion. C'est là aussi, selon nous, un devoir sacré, une condition nécessaire de tout plan d'enseignement bien ordonné. « Si le Dieu créateur de l'univers et de l'âme est le principe de toutes choses dans l'ordre réel, il l'est aussi dans l'ordre des idées. C'est à lui qu'il faut remonter si l'on veut former un tout de connaissances humaines et unir étroitement le monde moral. Dieu, dont la volonté s'est manifestée tantôt matériellement dans la création, tantôt spirituellement dans les lois de la conscience, tantôt plus expressément dans le bienfait de la révélation, Dieu est un centre pour les affections ainsi que pour les pensées humaines. Il est l'unique foyer auquel aboutissent tous les rayons. Si cette grande idée n'est pas un point de réunion pour toutes les autres, si elle ne sert pas à les subordonner toutes, elle reste isolée, en dehors du plan, et le système de l'instruction devient par cela seul incomplet. Ce n'est plus même un système, c'est un assemblage incohérent de pièces détachées sans accord entre elles et sans unité. » *(Éducation progressive.)*

ÉCOUTONS LES LÉGISLATEURS :

« L'école primaire proprement dite a pour but de donner aux enfants la culture *morale et religieuse*, de développer leurs facultés intellectuelles, de les munir de connaissances et des aptitudes nécessaires pour leur progrès ultérieur dans la vie, enfin de commencer l'éducation qui fera d'eux des hommes de bien et des membres utiles de la société. » (Art. 1er de la loi autrichienne du 16 mai 1869.)

« L'école a pour mission d'inculquer à la jeunesse, par l'instruction et par l'éducation, les principes de la *culture morale et religieuse*, les connaissances générales et les capacités exigées dans la vie civique. » (Saxe-Weimar, 24 juin 1874.)

« Le but de l'école primaire est d'élever la jeunesse dans le sens et dans l'esprit de l'Église catholique, d'en faire des hommes *religieux et moraux*, comme aussi de bons et intelligents citoyens. » (Canton de Zug, 2. Loi du 24 septembre 1850.)

« Le but de l'école communale est de contribuer avec l'éducation domestique à donner à la jeunesse la culture *religieuse et morale*, intelligente et civique. » (Loi d'Argovie.)

« Le but des établissements d'instruction publique est de développer les facultés civiles et intellectuelles, comme aussi d'inspirer à la jeunesse les sentiments *de piété et de moralité vraiment chrétienne*. » (Loi de Berne.)

« L'école primaire doit former des hommes intelligents et laborieux, utiles à leur pays, doués du sentiment *moral et religieux.* » (Loi de Zurich.)

« Au début de l'œuvre scolaire de chaque jour, il faut des *exercices pieux* qui rappellent les bénédictions de Dieu sur le travail des maîtres et des élèves, qui attachent l'esprit des écoliers à la parole de ce Dieu vivant, source de la vraie sagesse, règle qui jamais n'égare dans le cours de la vie. » (Règlement des écoles britanniques.)

« Tout élève sortant de l'école doit : « être capable de lire, d'écrire, de faire les quatre règles sur des nombres quelconques, *connaître sa religion* jusqu'au degré exigé pour suivre les cours de confirmation, enfin connaître le chant d'église. » (Loi de la Suède.)

« L'enseignement, en donnant les connaissances usuelles, doit développer l'intelligence des enfants et les préparer à la *pratique de toutes les vertus chrétiennes.* » (Loi néerlandaise.)

Le prince de Bismark écrivait naguère à son beau-frère : « La vie n'aurait aucune valeur, si la fin de tout était la mort ici-bas. » Dans une autre lettre, nous trouvons ce passage : « Je ne comprends pas comment un homme qui réfléchit sur sa propre condition peut endurer les douleurs et les difficultés de cette vie *sans une profonde croyance en Dieu.* »

« Benjamin Franklin, au terme d'une vie passée au milieu des affaires publiques et mûrie par une longue expérience écrivait de Philadelphie : « Une nation ne peut être véritablement libre, si elle n'est *pas religieuse*, et plus les peuples deviennent corrompus et dépravés, plus ils ont besoin de maîtres. »

« Gardons-nous de favoriser l'idée que la moralité puisse se maintenir sans *la religion*. La raison et l'expérience s'opposent à la fois à ce que nous espérions que la morale naturelle puisse exercer son influence naturelle, une fois les principes religieux exclus. » (Le général Washington.)

« Les instituteurs s'efforceront d'inculquer dans le cœur de la jeunesse confiée à leurs soins, *la piété, l'amour de Dieu,* le respect de la vérité, l'amour de la patrie, la bienveillance pour tous les hommes, le goût du travail, la sobriété, la chasteté, la tempérance et toutes les autres vertus qui sont l'ornement du chrétien et la base de la société. » (L'*Union Américaine.*)

« Les enfants ont été livrés à l'oisiveté la plus dangereuse, au vagabondage le plus alarmant ; ils sont sans idée de la Divinité, sans notions du juste et de l'injuste. De là des mœurs farouches et barbares. *Point d'instruction sans éducation ; point d'éducation sans morale et sans religion ;* celle-ci doit-être la base d'un plan d'instruction nationale. Joindre l'enseignement des dogmes à celui de la morale ; cette séparation a fait échouer, en grande partie les pensionnats qu'on avait formés. Il est de la plus grande importance que l'*enseignement religieux* fasse partie de l'éducation, et que les parents puissent espérer que leurs enfants seront élevés dans les principes d'une religion dont la vérité leur est démontrée. » (Plan d'une instruction nationale, an IX de la République.)

« Dans la séance du corps législatif le 15 germinal l'an X, l'orateur du gouvernement, M. Portalis, fit entendre ces paroles : « Écoutons, dit-il, la voix de tous les citoyens honnêtes qui, dans les assemblées départementales, ont exprimé leur vœu sur ce qui se passe depuis dix ans sous leurs yeux Il est temps, disent-ils, que les théories se taisent devant les faits. Point d'instruction sans éducation, et point d'éducation *sans morale et sans religion*. Les professeurs ont enseigné dans les déserts, parce qu'on a proclamé imprudemment qu'il ne fallait jamais parler de religion dans les écoles. L'instruction est nulle depuis dix ans, il faut prendre la *religion pour base* de *l'éducation*. Les enfants sont livrés à l'éducation la plus dangereuse ou au vagabondage le plus alarmant. Ils sont sans idée de la Divinité, sans notions du juste et de l'injuste. De là des mœurs farouches et barbares, de là un peuple féroce. Aussi toute la France appelle *la religion* au secours de la morale et de la société. »

« Les *idées religieuses* déterminées sont la seule garantie certaine de la moralité des hommes. Dans une nation et dans un gouvernement qui professe le christianisme, il n'y a point d'éducation, si l'on ne forme des *élèves chrétiens*. Ce n'est pas seulement en attachant à nos écoles un aumônier qu'on atteindra ce but. La religion doit être profondément gravée dans la raison des élèves. » (Rapport général sur l'instruction à l'Empereur en 1805 au moment de créer l'Université.)

« En même temps que l'action de l'État et de l'Église est indispensable pour que l'instruction populaire se répande et s'établisse solidement, il faut aussi, pour que cette instruction soit vraiment bonne et socialement utile, qu'elle soit *profondément religieuse*. Et je n'entends pas seulement par là que l'*enseignement religieux* y doit tenir sa place et que les *pratiques de la religion* y doivent être observées ; un peuple n'est pas élevé religieusement à de si petites et mécaniques conditions ; il faut que l'éducation populaire soit donnée et reçue au sein d'une *atmosphère religieuse*, que les *impressions et les habitudes religieuses* y pénètrent de toutes parts. La religion n'est pas une étude ou un exercice auquel on assigne son lieu et son heure ; c'est une foi et une loi qui doit se faire sentir constamment et partout, et qui n'exerce qu'à ce prix, sur l'âme et la vie, toute sa salutaire action. C'est dire que, dans les écoles primaires, *l'influence religieuse* doit être habituellement présente ; si le prêtre se méfie ou s'isole de l'instituteur, si l'instituteur se regarde comme le rival indépendant, non comme l'auxiliaire fidèle du prêtre, la valeur morale de l'école est perdue, et elle est prête à devenir un danger. L'instruction primaire n'est pas une panacée qui guérit toutes les maladies morales du peuple, c'est une puissance salutaire ou nuisible selon qu'elle est bien ou mal dirigée et contenue dans ses limites ou poussée hors de sa mission. Il reste, à coup sûr, beaucoup à faire pour le bon gouvernement des écoles, pour faire dominer dans leur sein les influences de religion et d'ordre, de foi et de loi, qui font la dignité comme la sûreté d'un peuple.... On a invoqué un principe : l'instruction civile et l'instruction religieuse doivent être complètement séparées, on doit laisser *au clergé seul* l'instruction religieuse en lui assurant les moyens comme la liberté de la donner. Nous tenons ce principe pour faux et funeste. On peut limiter à certaines heures les leçons qui s'adressent à l'intelligence seule ; on ne mesure pas, on ne cantonne pas ainsi les influences qui s'exercent sur l'âme, notamment les influences religieuses. Pour atteindre leur but, pour produire leur effet, il faut que ces influences soient partout présentes, et habituellement senties. L'instituteur est appelé par le père de famille au partage de son autorité, il doit l'exercer avec la même vigilance, l'éducation du cœur de l'enfant et de son intelligence dépend de lui presque tout entier. Que l'instituteur ne craigne donc pas d'entreprendre sur les droits des familles, en donnant ses premiers soins à la culture intérieure de l'âme des élèves. » (Guizot, circulaire aux instituteurs le 23 juin 1833).

« *L'instruction morale et religieuse* est trop négligée dans les écoles. Les maîtres par suite d'un funeste préjugé, se croient seulement appelés à enseigner les enfants ; ils regardent la culture morale comme hors de leur sphère, tandis qu'au contaire ils devraient se considérer comme des éducateurs et mettre tous leurs soins : à réformer ce que les habitudes morales et physiques de leurs élèves peuvent avoir de vicieux ; à ennoblir leur nature, en un mot leur donner une *bonne instruction morale et religieuse.* » (Extrait du rapport de M. Ch. Renouard, député, au nom de la Commission nommée par la Chambre des Députés en 1833.)

« Le législateur, disait M. Beugnot dans son rapport sur l'instruction publique à l'Assemblée nationale le 6 octobre 1849, doit chercher à fonder sur *la morale et la religion*, les deux seules bases qui puissent être adoptées, un plan d'éducation publique qui devienne le premier élément de stabilité et de grandeur d'une nation. »

« Dans l'Assemblée nationale du 17 janvier 1850, M. de Montalembert, après avoir fait la peinture trop vraie des désordres actuels de la société ajoute : « Eh bien ! nous venons proposer le remède à cet état de choses, le remède est de faire entrer *la religion* dans l'éducation... le remède consiste dans *l'éducation religieuse.* »

« *L'enseignement religieux* est plus nécessaire aujourd'hui que jamais. Plus l'homme grandit, plus il doit croire. Il y a un malheur dans notre temps. Je dirais presque qu'il n'y a qu'un malheur, c'est une certaine tendance à tout mettre dans cette vie. En donnant à l'homme pour fin et pour but la vie terrestre, la vie matérielle, on aggrave toutes les misères par la négation qui est au bout; on ajoute à l'accablement du malheureux le poids insupportable du néant, et de ce qui n'est que la souffrance, c'est-à-dire une loi de Dieu, on fait le désespoir. De là de profondes convulsions sociales. Certes, je désire améliorer, dans cette vie, le sort matériel de ceux qui souffrent, mais je n'oublie pas que la première des améliorations, c'est de leur donner l'espérance..... Quant à moi, j'y crois profondément à ce monde meilleur, et je le déclare ici, c'est la suprême certitude de ma raison, comme c'est la suprême joie de mon âme. *Je veux donc, sincèrement; je dis plus, je veux ardemment l'enseignement religieux* dans nos écoles. » (Victor Hugo, à la tribune de l'Assemblée nationale le 15 janvier 1850.)

OPINIONS DES GRANDS HOMMES ET DES PÉDAGOGUES

En 1869 MM. de Jonquières, Gaston de Béarn et de Combarieux, firent une visite à l'Émir Abd-el-Kader. Ils désiraient surtout l'entendre confirmer par lui-même le récit suivant : un jour, traitant avec le maréchal Bugeaud des conditions d'un armistice, le général français lui aurait dit : *Je te jure devant Dieu qu'il en sera ainsi*, et que l'Émir aurait répondu : « *Je préfère à ta parole celle du prêtre qui est dans ta suite, car je ne t'ai jamais vu adorer, ni prier Dieu que tu dis prendre à témoin.* » Ces paroles immédiatement traduites à l'Émir il leur dit, en leur serrant la main : « C'est parfaitement vrai; c'était à Tafna. Et je suis, comme alors, de plus en plus convaincu de la vérité de ce proverbe du sage : « *Quand on n'est pas fidèle aux pratiques de la religion, on n est pas fidèle à son monde.* » Touchés on ne peut plus de cette loyale et franche déclaration, ces Messieure prièrent l'Émir, en souvenir de leur visite de vouloir bien écrire cette sentence qui résume si bien toute sa vie. Ils lui remirent leurs cartes de visite, sur lesquelles il écrivit et signa avec la meilleure grâce. »

« Je trouve dans la religion catholique un caractère qui me ravit : c'est qu'elle joint la métaphysique la plus savante à la plus parfaite et à la plus efficace simplicité. Assurément, le Timée de Platon et le douzième livre d'Aristote sont des merveilles, mais je ne pense pas qu'il sorte de là un symbole qu'on puisse faire réciter aux petits enfants. Il n'y a jusqu'ici que la religion catholique qui ait à la fois la Somme de Saint Thomas et *un catéchisme* qu'on ne saurait trop répandre et étudier dans les écoles. » (Jules Simon.)

« Il y a un petit livre qu'à l'école on fait apprendre aux enfants et sur lequel on les interroge à l'église ; lisez ce petit livre qui est le catéchisme ; vous y trouverez une solution à toutes les questions, à toutes sans exception. Demandez au chrétien d'où vient l'espèce humaine, il le sait; où elle va, il le sait. Demandez à ce pauvre enfant pourquoi il est ici-bas, et ce qu'il deviendra après sa mort, il vous fera une réponse sublime.... » (Théodore Jouffroy.)

« Il était nécessaire que parmi les divers objets de

l'instruction primaire *l'éducation morale et religieuse* eût le rang qui lui appartient, c'est-à-dire le premier ; car c'est l'éducation morale qui seule peut faire des hommes et des citoyens, et il n'y a pas *d'éducation morale sans religion*. Il ne peut y avoir de vraie instruction morale sans religion et de religion sans morale. Le christianisme doit être la base de l'instruction du peuple, il ne faut pas craindre de professer hautement cette maxime. (M. Cousin, Rapport à la Chambre.)

« Quelle est la véritable science des femmes ? Celle de la *religion et de la morale,* voilà la seule étude qui leur convienne, qui leur soit nécessaire, et par laquelle elles peuvent influer sur la vertu des hommes. » (Mme Bernier.)

« Quel fruit remporteraient les jeunes gens de nos écoles, s'ils en sortaient *avec la connaissance de Dieu et de ses attributs,* s'ils y avaient connu la grandeur de leur âme, son immortalité, la fin pour laquelle elle a été créée et l'usage qu'elle doit faire de ses facultés. » *(Entretiens sur les sciences, du P. Lami.)*

« *Dieu,* l'inépuisable mot, vient au bout de toutes les études de l'homme. » (Saint-Marc-Girardin.)

« Ceux qui n'exercent point leur *âme* sont incapables des belles œuvres de *l'âme.* » (Xénophon.)

« Craignons tout ce qui affranchit l'esprit sans nous rendre maîtres de nous-mêmes. » (Gœthe.)

« Hors de Dieu, tout est contingent ; hors de lui rien n'existe que par sa volonté ; lui seul est nécessairement ; lui seul possède donc en lui-même la certitude. » (De La Mennais.)

« La première chose qu'il faut apprendre, c'est qu'il y a un Dieu et qu'il gouverne tout par sa providence. » (*Manuel d'Epictète*, liv. II.)

« Tu ne feras jamais aucune chose purement humaine, si tu ne connais les rapports qu'elle a avec les choses *divines ;* ni aucune chose *divine,* si tu ne connais les biens qui l'unissent aux choses humaines. » (Marc-Aurèle.)

« La *religion* est l'aromate qui empêche la science de se corrompre. » (Bacon.)

« Plus la parole *divine* prend d'accroissement dans l'âme, plus elle y est reçue avec intelligence, plus la vie de l'âme se développe. » (Saint-Ambroise.)

« Toute éducation qui n'est pas *religieuse* décomplète l'homme, et ne réussit tout au plus qu'à former un animal intelligent. C'est une erreur de penser que l'homme est grand par la science ; il n'est grand, il n'est homme, que par la connaissance de Dieu. Vous aurez beau vous agiter, vous tourmenter, creuser votre cerveau pour suppléer à cette puissance divine, vous interrogerez en vain toutes les sciences dont vous êtes si orgueilleux ; ces vastes déploiements de l'intelligence ne vous donneront rien que la matière d'un savant. Pour faire un homme, il faut développer une âme, et dès que l'âme paraît, elle cherche son Dieu ; l'idée de Dieu complète l'homme. L'homme complet est celui qui vit à la fois de la vie sociale et de la vie religieuse. Qu'arriverait-il si on ne songeait qu'à développer la première ? L'âme serait étouffée ; partout surgiraient des intelligences brillantes, mais froides, mais impuissantes aux grandes choses, car l'intelligence ne donne ni l'amour de la patrie, ni l'amour du genre humain, ni le sentiment de la divinité, ni les sublimes dévouements de la vertu. Observez notre jeunesse intelligente et puissante, mais sans religion ; elle ne s'occupe que de deux idées, la liberté et le bien-être, que ses passions traduisent ainsi : la licence, la puissance, la richesse. Descendez plus bas dans la foule, vous la trouverez occupée d'un seul but : vivre ; d'une seule pensée, s'enrichir. Une vérité dont il faut se convaincre avant tout, c'est que le développement des facultés de l'âme est la source unique, universelle, de toutes nos supériorités : nous leur devons et les chefs-d'œuvre du génie et les bienfaits de la vertu, toutes les sommités de l'espèce humaine. C'est notre union avec Dieu qui nous fait grands ; nous séparer de Dieu, et ce que cherchent malheureusement aujourd'hui quelques hommes qui sont au pouvoir, c'est nous retrancher à la fois le génie, la vertu, l'immortalité. » (Aimé Martin.)

« En fait d'éducation, comme en fait de sociabilité, tout ce qui se tient en dehors du sens *religieux* est infécond et périssable. Ce que nous appelons principes éducateurs, ce sont donc, d'abord, et par-dessus tout, les *convictions religieuses*, puis l'application intelligente de ces convictions à l'ensemble et aux détails de l'enseignement, des idées arrêtées et vraies sur les rapports mutuels et nécessaires de la foi et de la science, de l'éducation et de la *piété*. Nous disons que sans ces principes fondamentaux, les méthodes les plus ingénieuses mèneront bien, si l'on veut, à l'instruction, mais à l'éducation, jamais Vous pouvez, sans vous inquiéter *de principes et de sentimente religieux,* faire de vos enfants des écoliers plus ou moins dressés qui lisent, qui écrivent et qui calculent; mais, avec votre enseignement sans âme, avec vos règles disciplinaires sans esprit chrétien, avec votre organisation sans vie, vous n'en ferez jamais des hommes qui agissent, qui pensent et qui aiment dans toute la plénitude de leurs facultés, et dans les limites du juste, du vrai, et du beau. A notre sens, les méthodes, c'est la lettre, la forme, l'organisme; les principes, c'est l'esprit, l'idée, la vie. Prenez soin de la lettre, perfectionnez la forme, donnez à l'organisme toute sa part d'estime et d'amélioration, à la bonne heure; cela est utile et même nécessaire. Mais n'allez pas négliger l'esprit, méconnaître la puissance de l'idée, ne tenir aucun compte de la vie. Cette espèce de matérialisme éducatif a les plus funestes résultats. Il rend stériles les plus généreuses tentatives, les meilleures organisations, les efforts les plus intelligents. C'est, pour bien des hommes supérieurs une sorte de travail des Danaïdes où se consument vainement leur science et leur génie. Il ne manque pas de grandes institutions où les méthodes sont savantes, les règlements habiles, les professeurs instruits, la discipline rigoureuse. Tout y marche avec un ordre parfait et une admirable économie de temps, de moyens et de régime. Le travail y est actif et les études fortes, on se plaît à le dire. Eh bien ! je le demande à tout homme grave, avons-nous plus à nous féliciter qu'à gémir des résultats généraux de l'éducation ? Après bien des années d'attente et de sacrifices, que revient-il aux familles du côté de l'âme ? Hélas ! elles n'ont à recueillir, trop souvent, que des fruits corrompus et amers ; une incrédulité précoce, le goût de l'insubordination et des plaisirs, une sécheresse de cœur désolante qui fait rire de tout, de la vertu et de la société, de la foi et de la pudeur, de la famille et de Dieu. Du côté de l'intelligence y a-t-il au moins une sérieuse compensation ? Les plus bienveillants se plaignent quelquefois de n'y voir qu'une excroissance factice d'instruction mal digérée, qui ne pénètre pas les profondeurs de l'être, qui demeure sans application aux besoins de la vie réelle, qui charge la mémoire plutôt qu'elle ne développe l'esprit ; sorte de placage scientifique qui ne recouvre que les superficies ; espèce de savoir mobilier dont on pare les avenues de l'intelligence qu'on sait étaler au besoin avec la vanité du pédant, mais qui ne donne dans les relations ordinaires de l'existence ni une raison plus forte, ni des idées plus hautes, ni des manières plus nobles, ni des goûts plus généreux. Mettez *la religion* dans l'enseignement, dans l'âme de l'instituteur des principes vrais, des idées élevées, des intentions généreuses, un ensemble de convictions qui animent son dévouement, qui donnent la vie et l'unité à toutes les parties de l'éducation, et vous verrez les méthodes se perfectionner d'elles-mêmes. les résultats dépasser les espérances, et le bien se faire avec une merveilleuse fécondité. » (Dauphin.)

« La plus belle partie de l'homme étant l'âme, nous ne cesserons de recommander qu'on s'occupe de l'âme avant tout, dans un enfant. Former des hommes *moraux et religieux;* tout est là. L'étude des facultés de l'âme doit être le commencement de toute éducation. Elevons l'homme, et ne perdons pas de vue cette vérité éternelle, qu'il n'y a de bonheur, de supériorité possible qu'après le développement de l'âme, source unique de tout bien. Nous séparer de la morale et de la religion, c'est nous priver bénévolement de capacité, de génie, de vertu, Ce qu'il importe de donner aux enfants après la première éducation du berceau, pour ainsi dire, c'est une éducation morale. Nous entendons par éducation morale, celle qui nous rend meilleurs, celle qui nous apprend les devoirs à remplir envers Dieu, nos semblables et nous-mêmes.

Dans toutes les écoles, depuis les plus élémentaires jusqu'aux plus élevées, le grand but doit toujours être de pénétrer les âmes du double principe de l'*Évangile*. Répandez-le, ce livre plus sublime en morale que tous les autres livres; ce livre, le seul qu'on ne se lasse pas de lire et de relire; ce livre qui contient toute morale et toute religion. Mais ne vous permettez aucun commentaire sur ce livre céleste; craignez d'être frappé de mort, vous ou les vôtres, si vous êtes assez osé pour porter la main sur cette arche sainte : la lecture de ces pages divines n'a pas besoin de votre surveillance · la morale en est pure. Faites-y attention : jusqu'à présent il n'y a pas de morale, il n'y a de civilisation que là où s'est répandu et règne l'*Évangile.* Nous voulons donc que la vérité soit réellement enseignée; et, la vérité des vérités, c'est que la société a un but; nous voulons que vous fassiez tendre vers ce but : et ce sous peine de lèse-humanité; mais il faut que vous soyez tout à la fois, et *hommes moraux et hommes religieux* et que vous ne perdiez jamais de vue que l'éducation doit être *essentiellement religieuse.* » *(De l'Éducation et de l'Instruction en France*, par Napoléon Landais.)

« Tous ceux qui ont un peu de raison, invoquent la *Divinité* au commencement de leurs actions qu'elles soient grandes ou petites. (Platon.)

« Un État qui ne professe aucune *religion* perd le droit de faire l'éducation de la jeunesse. » (Stahl.)

« Il y a peu de signes plus certains de la décadence et de la ruine prochaine d'un État que l'oubli et le mépris du *culte divin.* » (Machiavel.)

« *Dieu* se retrouve à la fin de tout; ne l'oublions pas et enseignons-le à tous. » (Victor Hugo.)

« L'ignorance *de Dieu* est la peste la plus dangereuse pour toutes les Républiques. Dans toute République bien ordonnée le premier soin doit être d'y établir *la religion*. Le premier magistrat doit y avoir été élevé dès l'enfance. » (Platon, *de la République.)*

« Pour bien élever ma chère petite fille, je n'ai pu trouver, après de longues recherches, de livre comparable au *catéchisme diocésain*. Oui, ne vous étonnez pas : je me sers du catéchisme et je le tiens pour le plus sûr traité de pédagogie. Quel plus solide fondement puis-je donner à l'instruction de mon enfant. » (Dideıot.)

« La culture du *sentiment religieux* est un des plus grands devoirs de l'éducation. Il est certain qu'un homme religieux, lorsque sa piété a des racines dans son esprit et dans son cœur, est capable à la fois des plus hautes pensées et des plus nobles actions. Il y a plus : tout ce qu'il y a de vraiment noble et de beau dans la nature humaine est du domaine *du principe religieux* : il est l'expression de ce qu'ıl y a de plus élevé dans la nature de l'homme. Lui assurer l'empire, c'est favoriser le développement de l'amour du vrai, de l'amour du bien et du juste, de l'amour du beau et du sublime, car ces sentiments essentiels se nourrissent du *sentiment religieux*. » (Willm, *De l'Éducation du peuple.*)

« Vous pouvez trouver des cités privées de murailles, de maisons, de gymnases, de lois, de l'usage de la monnaie, de la connaissonce des lettres, mais un peuple sans

Dieu, sans prières, sans serments, *sans rites religieux*, sans sacrifice, nul n'en vit jamais. (Plutarque).

« Le Grec et le Barbare, l'homme du continent et l'insulaire, le sage et le sot confirment unanimement l'*existence de Dieu.* Si depuis l'origine du monde il y a eu deux ou trois misérables sans Dieu, dites hardiment que c'est une race abjecte, cynique, déraisonnable, stérile, frappée de mort. » (Maxime de Tyr.)

Écoutons Mirabeau. A l'époque où l'anarchie et l'impiété voulaient s'autoriser de son nom, cet homme prodigieux à qui le trouble des passions et des intrigues ne pouvait dérober les grandes vérités politiques, laissa échapper ces paroles mémorables : « Avouons à la face de tous les peuples et de toutes les nations, que *Dieu* est aussi nécessaire que la liberté au peuple français et plantons *le signe auguste de la rédemption* sur la cime de tous les départements, qu'on ne nous impute point le crime d'avoir voulu tarir la dernière ressource de l'ordre public, et éteindre le dernier espoir de la vertu malheureuse. »

M. Cousin, le philosophe éclectique parlant de la nécessité de l'*enseignement religieux* dans l'école, s'exprimait ainsi : « L'augmentation de l'instruction n'amène pas du tout une augmentation de moralité ; il faut tourner l'instruction en éducation, ou l'on n'a rien fait. Ce n'est pas l'instruction qui moralise, c'est l'éducation (chose très différente), et surtout l'*éducation religieuse*. Dans tous les pays ou une forte éducation religieuse accompagne l'instruction primaire, celle-ci est féconde en résultats; sinon, non. »

Voici les conclusions de M. Barthélemy Saint-Hilaire dans son discours à la Chambre en 1848 : « Dans le programme des écoles primaires, votre Commission a rétabli à l'unanimité et sans discussion, l'*instruction religieuse*. La République aurait tort, sur ce délicat sujet, d'entrer dans une voie nouvelle, qui n'est pas la bonne. »

M. Thiers écrivait à la même époque à M. Madier de Montjau père : « Aujourd'hui que l'Université prétend enseigner à nos enfants un peu de mathématiques, de physique, de sciences naturelles et beaucoup de démagogie, je ne vois de salut que dans la liberté de l'enseignement, et l'*enseignement du clergé* me semble meilleur que celui qu'on vous propose. Aujourd'hui l'avenir, c'est la démagogie et je ne lui livrerai pas le dernier débris de l'ordre social, c'est-à-dire l'établissement catholique. »

M. Frank, savant israélite, membre de l'Institut, dans une distribution de prix parlait ainsi : « Dieu est le dernier mot de la morale, et la morale est la base de la vraie liberté et du vrai patriotisme. Pas de vertus civiques sans vertus morales, pas de vertus morales *sans croyances religieuses*. Un peuple sans Dieu ne s'est jamais vu, et s'il pouvait exister, ce serait le dernier des peuples. »

Voici ce que dit M. Legouvé, de l'Académie française :

« Pas d'éducation possible sans *idées religieuses*. Pour moi je ne crains pas de le dire, si j'étais absolument forcé de choisir pour un enfant entre *savoir prier* et savoir lire, je dirais : *Qu'il sache prier !* car prier c'est lire au plus beau de tous les livres, au front de Celui d'où émanent toute lumière, toute justice, toute beauté. »

Voltaire adopta, on le sait, une petite nièce de Corneille. Sans parler de la direction pédagogique donnée de concert avec Mme Denis la nièce du patriarche de Ferney, il est curieux de nous arrêter à *la direction religieuse* de l'enfant. Le 23 décembre 1760, il termine une longue lettre par ces lignes dignes d'attention : « Je vous quitte pour aller à la messe de minuit avec ma famille et la petite fille du grand Corneille. Je suis fâché d'avoir chez moi quelques voisins qui n'y vont pas; je travaille à les ramener au giron, et, si Dieu veut que je vive encore deux ans, j'espère aller baiser les pieds du Saint-Père avec les Huguenots que j'aurai convertis et gagner les indulgences. » (Fallex, page 45.)

Il conduisait lui-même cette jeune fille à la messe de la paroisse : « Nous devons l'exemple, dit-il, et nous le donnons. » (Page 247.)

Tous les devoirs de religion sont exactement remplis, et nos curés, notre évêque sont bien contents de la manière dont on se gouverne dans mes terres. » (Extraits des lettres datées des 2 et 15 janvier 1761, page 245.)

« La chose principale est l'éducation de la jeunesse,

il faut montrer sur ce point la plus grande vigilance. Le point le plus important c'est *la religion!* *L'éducation religieuse* doit être encore plus profonde. » (Discours de l'empereur Guillaume en réponse à l'adresse du bourgmestre.) Berlin, le 5 décembre 1878.

A une députation d'instituteurs, le même souverain disait : « L'étude du savoir importe peu. On enseigne à l'heure qu'il est bien des choses dans les écoles, mais il ne faudrait pas oublier ce qui est d'une importance capitale dans l'éducation. C'est de la *religion* que je veux parler avant tout. Notre tâche la plus difficile et la plus importante, consiste par conséquent à élever la jeunesse *dans la crainte de Dieu et à lui enseigner le respect des choses saintes.* »

Écoutez ce que l'immortel auteur d'*Athalie, Racine*, dans sa tendresse de père, écrivait à son fils, avec une noble et touchante simplicité : « Je sais, mon cher fils, que vous êtes fort attaché à bien faire, mais surtout que vous *craignez Dieu et que vous aimez à le servir* : c'est la plus grande satisfaction que je puisse recevoir, et en même temps la meilleure fortune que je puisse vous souhaiter. J'espère que plus vous irez en avant, plus vous trouverez qu'il n'y a de véritable bonheur que celui-là. »

« L'éducation doit être surtout *religieuse*. C'est la religion qui en pose les premiers fondements ; c'est elle qui, au moment où les facultés de l'intelligence se dégagent de leur enveloppe enfantine, dès que la raison succède à l'instinct, l'environne de sa pure lumière, lui révèle le principe et la fin de l'homme, et lui trace ses devoirs; vérités simples et éternelles qui n'excèdent point la mesure de l'âme dans l'enfance, et lui suffiront à tous les âges et pour tous les besoins de la vie; vérités divines marquées dans leur universalité, du sceau même de la Providence, qui embrasse dans sa sollicitude l'homme de travail comme l'homme de loisir.

Ce n'est pas sans raison que l'éducation doit s'appliquer à réunir la double action de la religion et de la science : la religion demande à la science son libre concours, parce que tout ce qui tend au vrai doit aboutir à elle, parce que tout ce qui contribue à rendre l'intelligence de l'homme plus parfaite et ses idées plus droites peut servir à le rendre meilleur; la science emprunte à la religion son appui, parce que, dans sa sollicitude à ne point seulement développer les facultés de l'esprit, mais à les bien diriger, nulle part elle ne trouve une influence plus efficace, une sanction plus puissante et plus vraie. Le vrai seul est puissant.

L'instituteur s'appliquera donc avant tout à la première de toutes les sciences, à celle qui fait naître et qui règle les bonnes pensées, les bons sentiments, les bonnes actions, qui seule apprend à l'homme d'où il vient et où il va. Les mères chrétiennes ont gravé dans les cœurs de vos élèves le sentiment et la pensée de Dieu ; elles leur ont donné les premières notions, les premières habitudes de la religion et des devoirs qu'elle prescrit. Vous continuerez l'œuvre qui commence au foyer domestique en nourrissant leur esprit et leur cœur de grandes et religieuses pensées et quoi qu'en puissent dire la prévention, l'ignorance ou l'erreur, vous prouverez que rien ne s'allie plus naturellement que ces deux choses : *la soumission à l'Évangile et le développement intellectuel*. Vous en attesterez, au besoin, notre grand siècle tout entier ; vous en attesterez ce siècle d'éternelle mémoire, où, tandis que les Turenne et les Condé s'agenouillaient, victorieux sur les champs de bataille, l'aigle de Meaux donnait au monde l'Exposition de la foi catholique et le Discours sur l'histoire universelle; où le cygne de Cambrai faisait entendre aux rois et aux peuples de si utiles leçons; où Racine racontait en si beaux vers les grandeurs du Dieu qui apaise les flots et contient les méchants; où Pascal, dans sa prose sublime, tenait l'homme suspendu entre les deux infinis que Dieu seul embrasse et comprend; siècle fortuné, où ces beaux esprits se disaient humblement les disciples des Tertullien et des Irénée, des Augustin, des Chrysostôme, des Grégoire et des Hilaire.

En résumé, une bonne éducation de la jeunesse, une éducation sage, forte, et avant tout *profondément morale et religieuse*, voilà le remède puissant et vrai; bâtir sur d'autres fondements, c'est élever sur le sable un édifice qu'un souffle emportera. » (A. Théry.)

« Un des organes les plus autorisés du parti républicain, *Le Temps*, faisait dans un de ses numéros du mois de juin 1878, à l'occasion de l'attentat contre la vie de l'Empereur d'Allemagne les réflexions suivantes : « Voilà un pays placé au premier rang dans l'ordre de l'instruction primaire. Tout le monde sait lire et tout le monde lit beaucoup ; on lit, on étudie, on discute et sur tous les sujets. On croirait que les classes ouvrières formées dans un tel régime comprendront mieux la nécessité de l'ordre social et s'y soumettront avec moins de peine, qu'en un mot l'instruction leur procurera la santé intellectuelle et la santé morale. Il y a lieu d'en rabattre, sans qu'il y ait lieu pour cela de médire des écoles. Nous avons intérêt à bien comprendre, par l'exemple de nos voisins et par le nôtre qu'enseigner à lire n'est pas tout, et que nos classes ouvrières peuvent en arriver à être, grâce aux efforts de l'État, plus instruites sans être pour cela plus libérales, plus aptes à participer au gouvernement ou mieux armées contre le vice. Leurs progrès mêmes les exposent, par une loi inévitable, à des périls nouveaux : en secouant le joug de l'ignorance, elles risquent de tomber sous le joug du sophisme ; en s'affranchissant des habitudes séculaires d'esprit et de conduite, elles risquent de n'en savoir pas contracter aussitôt de saines et de fortes. D'où il résulte que l'instruction ne doit pas être pour le parti libéral une sorte de superstition nouvelle; elle vaut par la direction qu'on lui imprime, par le degré de raison, de sagesse, de moralité qu'on y met. Ce n'est donc pas tout, pour les républicains, de fonder des écoles et de les rendre accessibles à tous, il faut qu'ils aient soucis d'y cultiver le bon sens et le droit jugement, et plus encore, de susciter dans ce vaste corps de l'enseignement populaire, une *puissante inspiration morale et religieuse.* »

TABLE DES MATIÈRES

Angers, imprimerie Lachèse et Dolbeau, chaussée Saint-Pierre, 4.

www.ingramcontent.com/pod-product-compliance
Ingram Content Group UK Ltd.
Pitfield, Milton Keynes, MK11 3LW, UK
UKHW020311230726
13925UKWH00002B/348